国有企业的双重效率损失与经济增长

理论和中国的经验证据

刘瑞明 著

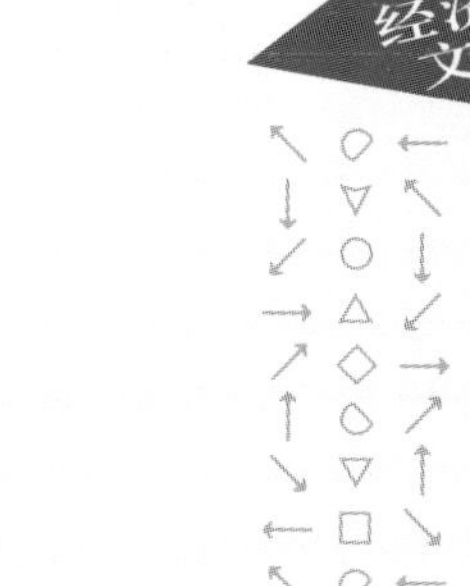

格致出版社
上海三联书店
上海人民出版社

作者近照

作者简介

刘瑞明，1985年5月生于陕西省子洲县。2002年考入西北大学经济管理学院“国家经济学基础人才培养基地”本硕连读班，2008年考入复旦大学中国经济研究中心，2011年获得复旦大学产业经济学博士学位。现为西北大学经济管理学院副教授，经济学系副主任。曾在《经济研究》、《管理世界》、《经济学季刊》等杂志上发表二十余篇文章，担任《经济研究》、《经济学季刊》、《世界经济》等杂志的匿名审稿人。多篇文章被《人大复印资料》、《中国社会科学院院报》、《中国社会科学文摘》、《新华文摘》、《中国财经报》等转载。曾获“教育部博士研究生学术新人奖”、“首届谭崇台发展经济学奖学金”、“复旦大学学术之星”等学术荣誉。

出 版 前 言

为了全面地、系统地反映当代经济学的全貌及其进程，总结与挖掘当代经济学已有的和潜在的成果，展示当代经济学新的发展方向，我们决定出版“当代经济学系列丛书”。

“当代经济学系列丛书”是大型的、高层次的、综合性的经济学术理论丛书。它包括三个子系列：(1)当代经济学文库；(2)当代经济学译库；(3)当代经济学教学参考书系。该丛书在学科领域方面，不仅着眼于各传统经济学科的新成果，更注重经济学前沿学科、边缘学科和综合学科的新成就；在选题的采择上，广泛联系海内外学者，努力开掘学术功力深厚、思想新颖独到、作品水平拔尖的“高、新、尖”著作。“文库”力求达到中国经济学界当前的最高水平；“译库”翻译当代经济学的名人名著；“教学参考书系”则主要出版国外著名高等院校的通用教材。

本丛书致力于推动中国经济学的现代化和国际标准化，力图在一个不太长的时期内，从研究范围、研究内容、研究方法、分析技术等方面逐步完成中国经济学从传统向现代的转轨。我们渴望经济学家们支持我们的追求,向这套丛书提供高质量的标准经济学著作,进而为提高中国经济学的水平,使之立足于世界经济学之林而共同努力。

我们和经济学家一起瞻望着中国经济学的未来。

前　言

本书是一项旨在探索国有企业拖累经济增长可能途径的研究之成果。在我们看来，国有企业的效率损失应该包含两个层面：一是国有企业本身的效率损失，二是由这种效率损失进一步带来的其他效率损失。传统观点强调国有企业本身的效率损失而忽略了第二种效率损失。我们认为，正是这种忽略使得人们在国有企业效率损失的认识方面受到了限制，也使得人们难以回答改革中诸多现象产生的原因。本书的意图就是重新界定国有企业效率损失的内涵，探索国有企业损害经济增长的可能途径，为诸多的改革现象提供逻辑一致的解释，从而拓展人们的认识，并且纠正改革过程中存在的一些认识误区。

国有企业相对于其他所有制企业的低效率特征已经被大量文献所证实，为了维护低效率国有企业的生存，政府一直在提供种类繁多的保护和救助措施。这些保护和救助措施使得国有企业对经济增长产生了各种各样的负面效应。本书的主旨在于回答“国有企业如何拖累了经济增长”这一问题。为达到这一目的，我们基于事实，观察梳理出国有企业拖累经济增长的五条途径：第一，软预算约束下的国有企业会发生道德风险，导致效率低下，并挤出税收和公共服务，从而使得民营企业发展受到拖累，最终损害整体经济发展；第二，为了对无效率的国有企业进行隐性补贴，从而维持其生存，中国实行了损害经济增长的金融压抑和所有制歧视政策；第三，地方保护和市场分割也扮演了对国有企业进行隐性补贴的作用，国有企业比重高的地方，出于地方企业利益的考虑，地方政府很可能出台种种措施以对本地国有企业实行保护，从而使地方保护和市场分割的程度相应较大；第四，政府通过维持上游要素市场的垄断，加大上游要素市场的垄断力量和加成定价对国有企业进行保护和补贴，要素市场中的国有企业垄断地位妨碍了经济增长；第五，在向市场化转型的过程中，地区的所有制结构禀赋有可能令初始国有比重较高的地区陷入历史锁定效应，而令初始国有比重较低的地区快速发展，出现极化效应并导致增长差异和地区差距的不断扩大。

通过一系列的研究，我们认为，所有制结构在整个国民经济运行中扮演了极其重要的角色。在国有企业本身效率低下的条件下,其通过我们所揭示的种种途径损害了民营企业的发展和整体经济增长。就此而言,我们的政策含义非常鲜明:要想实现健康快速的经济发展,必须坚定不移地在公平、公开、公正的透明机制下进行国企改革。而且,从我们的角度看,进行国企改革不仅仅只是起到效率提升的作用,而且可以为放松金融管制、消除市场分割、削弱要素垄断和平衡地区经济发展创造有利的条件,实现经济增长的良性发展。我们所能给出的指向性导引是:中国要想顺利实现向成熟市场经济的过渡,就必须以国企改革为中心,带动整体的经济改革和发展。

ABSTRACT

This book aims to explore possible ways in which state-owned enterprises (SOEs) drag on economic growth. In our view, the SOEs' efficiency loss can be divided into two categories. First is the efficiency loss of the SOEs, second is the further efficiency loss brought about by the SOEs' efficiency loss itself. Traditional view stresses the first efficiency loss of SOEs and ignores the second one. On the basis of the survive predicament of the SOEs, this book introduces a new concept of "economic growth cumbrance" to investigate the SOEs' efficiency loss again.

We believe that the old definition of SOEs' efficiency loss not only limits people's knowledge, but also makes it difficult to answer the causes of many phenomena in the reform. The intention of this book is to redefine the meaning of SOEs' efficiency loss, and explore possible ways how SOEs damage the economic growth. We provide logical explanations for many phenomena and correct some misunderstandings in the reform process.

The feature of low efficiency of SOEs relative to

other ownership of enterprises has been confirmed by literature. In order to safeguard the survival of inefficient SOEs, the government has been providing a wide range measures of protection and assistance. The protection and assistance measures have a variety of negative effects on the economic growth. The main objective of this book is to answer how the SOEs drag on economic growth.

Based on practical observation, we have found that there are five main ways. First, the soft budget constraints of SOEs lead to moral hazard and inefficiencies, and crowd out the taxation and public services, so that the private enterprise development is dragged, and ultimately undermine the overall economic development. Second, in order to provide hidden subsidies to inefficient SOEs, Chinese goverments take the policies of financial repression and bank discrimination, which causes damage to economic growth. Third, in the process of economic transformation, market segmentation plays the role of a kind of hidden subsidy to SOEs. The state-owned share of a region determines the extent of implicit subsidies, and further determines the degree of market segmentation. Fourth, SOEs in the factor market charge the product market enterprises an implicit tax through factor monopoly, so that the SOEs' profit is equivalent to a kind of hidden financial subsidies. Fifth, in the process of transition to the market, regions with high proportion of initial state-owned economy may lock into "historical lock-in effect", while regions with low proportion of initial state-owned economy may grow rapidly. There will lead to a polarization effect among regional competition and widening regional disparities.

Through a series of studies, we show that the ownership structure plays a very important role in the entire national economy. Inefficient SOEs hurt the development of private enterprises and overall economic growth through various ways. Our policy meaning is very clear. In order to achieve healthy and fast economic development, we must unswervingly carry out reform of SOEs. Moreover, from our point of view, the SOEs reform is not just to highlight the enterprises' efficiency, but also create favorable conditions for financial deregulation, eliminate of market segmentation, weaken factor market monopoly, and balance regional economic development. The we indicate that if China wants to achieve a smooth transition to mature market economies, it is necessary to take SOEs reform as the center to spur the overall economic reform and development.

目 录

4

金融压抑、所有制歧视与增长拖累:机制Ⅱ

5

国有企业、隐性补贴与市场分割:机制Ⅲ

6

上游垄断、非对称竞争与社会福利:机制Ⅳ

7

所有制结构、增长差异与地区差距:机制Ⅴ

8

结论

CONTENTS

1

导论

1.1

选题背景与问题的提出

就理论和认识的推进而言,在国有企业改革理论和实践方面的探索都持续了数十年后,仍然选择以国有企业效率损失作为研究题目,似乎有些不明智。是的,在过去的数十年中,国有企业的改革一直处在整个改革的中心位置。无数理论工作者从各个方面对国有企业的效率进行了研究,探寻其内在的原因,并提供了相应的政策建议。在汗牛充栋的文献当中,人们似乎已经找到了国有企业效率各个方面的影响因素。那么,熟知中国经济改革进程的人一定会产生这样的疑问:为什么在今天还要重新选择国有企业效率损失这一题目作为研究目标呢?

我们之所以选择这一题目加以研究,有两个方面的考虑:第一,从现实来看,自2004年以来,原本在人们当中已经形成共识的国有企业改革方向变得扑朔迷离,而且进入新世纪后一小部分大型国有企业的业绩表现得异常突出。这些现象使得人们对于国有企业改革将何去何从的问题保持着各种疑问。我们究竟应当如何对改革中的种种现象作出解释呢?第二,从理论的发展来看,我们认为,尽管理论工作者们的研究已经较为深刻,但是相关的认识依然需要进一步推进。通过梳理国有企业效率的文献,我们发现,迄今为止的国有企业效率争论都不同程度地忽视了国有企业效率低下对经济增长的拖累,而将更多的关注点放在国有企业本身的效率争论上。这使得人们对国有企业效率损失的认识受到很大的限制。而突破这种限制,从更为全面的视角来认识国有企业的效率损失是摆在学者面前的一大重任。

与此相关的是,我们应当如何理解在中国经济运行过程中的各类现象?比如,为什么存在金融压抑和信贷的所有制歧视政策?为什么地方保护和市场分割会在各个地区盛行?为什么迄今为止有的市场领域依然要保持垄断,迟迟不能放开竞争,以向市场化迈进?尽管改革开放以来各个地区都取得了一定程度的发展,但为什么各个地区的增长差异如此巨大,应当采取什么样的手段促进平衡?更进一步,这些看似并不相关的现象是否有着共同的诱因?我们究竟应该如何解开这些谜题?

就此而言,本书的意图有两个:第一,本书试图重新界定国有企业效率损失的内涵,探索国有企业损害经济增长的可能途径,从而拓展人们的认识,为诸多的改革现象提供一个逻辑一致的解释;第二,在此基础上,通过一系列的理论和实证分析,我们试图回答改革中一些长期困扰人们的难题,并且纠正一些认识上存在的误区。从事实的角度考察,国有企业的效率损失应该包含两个层面:一是国有企业本身的效率损失,二是由这种效率损失进一步带来的其他效率损失。传统观点强调国有企业本身的效率损失,而忽略了第二种效率损失。我们认为,正是这种忽略,使得人们在国有企业效率损失的认识方面受到了限制,也使得人们难以回答改革中诸多现象产生的原因。

从大的方面来看,中国的经济改革就是计划经济向市场经济的转变,而这其中最为重要的一个方面就是所有制结构的转变。实践和文献研究已经证明,相比于其他所有制企业而言,国有企业的效率是低下的,也正因为如此,国有企业改革一直处在整个改革的核心位置。从事后观察,正是所有制结构的这种转变,才使得我们的经济呈现出了现在人们称谓的"奇迹"和"神话"。就此而言,这种所有制结构的转变也是理解如上所提出的各种问题的关键突破口。从这一角度看,金融压抑、市场分割、要素垄断等都在改革进程中扮演了对国有企业进行隐性补贴的角色,因此,要想理解这些现象,就必须从所有制结构入手。

既有文献主要集中论证为什么国有企业效率低下,国有企业本身是否效率低下,以及改制是否可以带来企业绩效的改进等问题,而未能进一步考虑国有企业效率损失带来的其他种种危害。这种对"微观效率"的考察固然有助于人们深入认识国有经济的效率危害,但是同时也面临着类似"国有企业宏观效率论"的诘问(刘元春,2001),国有经济是否真的是以微观的无效保证了宏观层面的效率呢?更进一步,鉴于改革过程中国有资产的流失和当前面临的种种问题,到底是要"国退民进"呢,还是要"民进国退"呢?面对如上诘问,我们认为,传统文献对国有企业微观效率的检验不足以回驳"国有企业宏观效率论"的质疑,也不足以回答近年来争论不断的“国退民进”还是“民进国退”问题。

从既有的研究来看，虽然对国有企业为什么效率低下的原因多有争议，但是国有企业的相对效率低下却是一个不争的事实。①相当一部分的国有企业处在亏损状态，而即使有少数盈利的国有企业，也是由于其特殊的垄断地位。总体的情景是，国有企业处在生存困境之中，不仅自身效率低下，而且需要通过政府的保护和救助才能存活。在一个市场经济体制当中，一个企业的存亡取决于其是否能在市场竞争中获胜，优胜劣汰的市场竞争法则将迫使企业不断创新以维持生存并获取利润。那么效率低下本应遭到淘汰的国有企业为什么依然能够大量长期存在呢？它通过什么样的途径继续生存？文献已经认识到，低效率的国有企业之所以能不被淘汰，不仅是因为其可以依赖政府的财政补贴等（林毅夫、李志赟，2004），而且是因为在新形势下其能够借助向银行借钱形成的“坏账”和直接融资情况下发生的“坏股”的方式维持生存（樊纲，2000）。此外，政府还通过市场分割和对要素市场的行政垄断对国有企业进行隐性补贴。以上的种种隐性补贴手段可以被看做“软预算约束”的不同表现形式，由于所有这些显性或者隐性的“转移支付”都需要由非国有部门和人民负担，其事实上构成了“额外综合赋税”。

既然国有企业通过财政补贴、金融渠道、行政垄断、市场分割等途径获得了生存的空间，那么，从机会成本的角度看，这些途径是否损害了民营经济的发展？在国有企业不具备微观效率的前提下，它们是否进一步带来了宏观上的效率损失？这些宏观效率损失通过什么途径实现？表现在哪些方面？我们认为，长期保有大量无效率的国有企业的软预算约束机制，不仅使得国有企业在市

① 这方面文献的一个详细综述请参见下一章的内容。

场竞争中受到保护，损害市场竞争，而且诱发国有企业的道德风险。更为重要的是，国有企业本身低效率可能导致国家采取一系列的隐性补贴救助措施，这使得国民经济受到扭曲并带来进一步的效率损失。因此，挖掘国有企业的宏观效率损失、分析国有企业拖累经济增长的内在逻辑构成了本书的主要任务。

本书试图以“国有企业如何拖累经济增长：理论与中国的经验证据”为题，通过在理论上构建国有企业对于经济增长拖累效应的数理模型，推导出一般结论，然后利用中国省级面板数据对理论假说给予严格检验，力图提供一个新的视角来理解中国的国有企业效率，并得出一些有益的认识。从我们的角度看，这一选题具有一定理论意义：首先，我们试图利用标准的建模方法，构建代表性的企业，通过分析其行为考察国有企业效率损失的拖累效应，进一步考察其宏观效率损失，这有可能改变对于国有企业效率损失途径的认识；其次，我们还试图通过将所有制结构纳入经济增长理论框架下，并且将博弈论相关模型和增长理论的模型进行适当结合，从而丰富现有理论模型；再次，我们利用可搜集到的省级面板数据对相关理论进行验证，利用面板数据方法克服数据的内生性，使得结论更为稳健；最后，我们从社会福利的角度，探索什么样的路径可以促使社会福利得到增进，提出可行的政策建议。从现实意义来看，国有企业改革一直是我国改革开放的核心和难点所在，在经历了长达30余年的探索之后，是否应该继续进行国有企业改革，如何进行改革等依然是理论界、政府和人民所共同关心的问题，因此，我们的理论研究对于国企改革具有一定的指导意义，也为澄清一些长期以来的认识误区具有积极作用。

1.2

研究目标、内容和方法

本书的研究目标是探索国有企业拖累经济增长的可能途径，并在此基础上提炼出问题加以详细研究。从基本的事实观察出发，为了维护国有企业的生存，政府一直在提供种类繁多的保护和救助措施。但是从最为主要的救助措施来看，政府主要采取如下几种重要途径：第一，通过税收的转移支付对亏损的国有企业进行财政补贴；第二，通过对金融市场的垄断和压抑，在信贷过程中采用偏向国有企业的信贷政策，征收隐性税收，对国有企业进行隐性补贴；第三，各地方政府通过地方保护和市场分割，使得本地国有企业面临的竞争降低；第四，通过赋予国有企业上游要素市场的垄断权力，限制民营企业进入，使得国有企业可以获得上游要素的垄断定价权和垄断利润，用以维持其生存和发展。

从这些基本事实出发，我们在提炼出问题后对此分别加以讨论。我们的分析要点在于，在国有企业本身效率低下的条件下，其如何通过财政补贴、金融压抑、所有制歧视、市场分割和要素垄断等途径损害了民营企业的发展，从而最终损害整体的经济增长。在此基础上，我们还进一步探索了市场的极化效应如何使得不同所有制结构禀赋的地区表现出增长差异。研究发现，在向市场化转型的过程中，地区的所有制结构禀赋有可能令初始国有比重较高的地区陷入历史锁定效应，而令初始国有比重较低的地区快速发展，出现极化效应并导致地区差距的不断扩大。这些结论有利于人们澄清一些长期以来的认识误区。

鉴于本书的研究目的，本书的研究综合了多种研究方法。从总体上说,我们利用历史归纳的方法抽象研究主题,采取逻辑演绎的方法推理论证。以解释为目标,以推测为延伸。应用实证的方法来考察经济问题,从规范的角度提出规制方案。这一步骤体现如下:首先,我们通过对于中国经济的特征性事实的描述,利用历史归纳法抽象出我们的研究主题。例如,从中国金融压抑和信贷所有制歧视的特征出发,抽象出研究主题,分析它们和国有企业背后的逻辑机制。其次,我们采取逻辑演绎的方法推理论证。一方面,我们根据现有文献的认识,力图为散乱的特征性事实之间搭建逻辑之桥,梳理出一幅理论图景;另一方面,我们根据现象抽象出合理的假设,通过数理模型推导出一般的理论命题和假说,对相关的经济事实给予明确解释。再次,我们利用搜集到的中国省级面板数据对理论假说给予验证,在控制了其他变量以及模型可能存在的内生性问题后,我们详细考察经验证据是否支撑了我们的理论假说。最后,从社会福利的角度出发,我们根据分析得出的结论,探索采取何种路径可以促使社会整体福利的增进,进而提出政策建议。

1.3

框架安排

本书的框架安排如下:

第1章,即导论部分,我们阐明选题背景和研究意义,确定研究对象和研究方法,对本书框架和主要结论加以说明,并指出本书的创新所在和不足之处。

第2章是文献综述。梳理有关国有企业效率测度、争论的理论和实证文献。力图廓清国有企业效率的相关认识。具体而言，我们首先梳理国有企业微观效率损失的认识，在此基础上，厘清了国有企业的宏观效率争论；并对有关国有企业效率低下的原因、改制后果、激励与约束条件的相关文献给予整理；最后给出未来可能的研究方向。

第 3 章至第 7 章则从多个视角讨论我们的核心问题——国有企业如何拖累了经济增长。其中，第 3 章从国有企业的生存困境和软预算约束出发，说明软预算约束条件下国有企业如何因为道德风险导致效率低下，并挤出税收和公共服务，从而使得民营企业发展受到拖累，最终损害整体经济发展，并利用省级面板数据进行验证。

第 4 章从金融压抑和所有制歧视的角度进一步考察国有企业的拖累效应。这一章我们试图抓住中国金融发展过程中的金融压抑和信贷所有制歧视的特征，充分论证中国之所以要施行损害经济增长的金融压抑和所有制歧视政策，事实上是旨在对无效率的国有企业进行隐性补贴，从而维持其生存。这种拖累效应之所以没有突出显现，是因为现实中人们利用金融漏损和民间金融等非正规渠道对此进行了修正。这一事实为我们理解为什么近年来国家对金融体制的改革屡屡不得其力和民间金融总是不能得到发展提供了重要视角，其中一个重要的政策含义是，在拖累机制下，要想改变金融体制，必须先改革国有企业。

第 5 章从地区间的地方保护和市场分割的角度出发进行分析，得出结论：市场分割扮演了对国有企业进行隐性补贴的角色，国有企业比重越高的地方，地方政府越可能出台各种措施对本地国有企业施行保护，从而使地方保护和市场分割的程度相应增大。所有这些保护措施都会直接或间接地对地方经济增长造成潜在影响。从理论模型上刻画国有企业和地方政府保护之间的逻辑关系,并在经验上寻找证据构成了本章的核心内容。

第 6 章则把握了这样一个事实:中国经过长达 30 多年的改革,市场结构逐渐从"上游要素市场垄断,下游产品市场垄断"走向了"上游要素市场垄断,下游产品市场竞争"的格局。本章从上游要素市场垄断和非对称竞争的视角分析国有企业的垄断地位如何妨碍了经济增长。这一分析解释了如下事实:(1)为什么近年来一小部分大型国有企业的垄断利润高昂;(2)为什么民营企业不能快速发展壮大。在此基础上,本章研究了上游要素市场放开竞争对于社会福利的影响。

第 7 章探索了导致中国各地区增长轨迹差异和经济差距形成的因素。我们试图从所有制结构的角度入手,考察历史因素对地区增长轨迹的影响。研究发现,在向市场化转型的过程中,地区的所有制结构禀赋有可能令初始国有比重较高的地区陷入历史锁定效应,而令初始国有比重较低的地区快速发展,出现极化效应并导致地区差距不断扩大。我们指出,地区间的"经济收敛"需要"所有制结构的收敛"。中西部地区过高的国有比重既是"劣势"又是"优势",通过所有制结构的转变可以让"劣势"变为"优势",实现经济上的追赶。

第 8 章是本书的结语,在总结全书的基础上,说明我们研究的不足之处以及进一步研究的方向,并就本书的研究结论提炼出对经济转型政策的一些启示。

中国的国有企业效率损失：一个文献综述

2.1

引言

在中国的经济转轨过程中，国有企业改革一直处于经济改革的核心位置。随着经济改革的推进，原本在人们当中已经基本取得共识的国有企业改革在近年来波澜再起，一场争论引发了人们对于国有企业改革未来走向的热烈讨论。人们对国有企业效率的认识和改革方向各执一词。在这样一个大背景下，对于中国国有企业效率的认识也就显得异常重要。大量经济学者曾经运用现代经济学的基本原理、方法度量了中国国有企业的效率，并在理论上给予解释。随着改革进程的演进，国有企业效率的认识也在不断更新。充分梳理这些文献的认识是一项重要而有意义的工作。

以此为背景，本章尝试对该领域主要的实证文献、理论文献给予归纳与梳理。在既有的文献当中，Megginson 和 Netter(2001)，及 Djankov 和 Murrel(2002)详细回顾了世界各国不同所有制下企业绩效的实证研究文献，所总结出的一个基本结论是，国有企业比私有企业效益低下，并且民营化是有效的，民营化企业几乎总会变得更有效率。这些国际经验文献的认识固然具有启发意义，但是我们依然要考虑到中国的具体情况。中国国有企业的效率表现究竟是怎样的？在国内的文献中，也有从某一个侧面综述相关文献的，比如，张军等(2003)从 TFP 的角度进行过相关的综述，Sachs 和 Woo(1997)，及 Hovey 和 Naughton(2007)的著作中也包含了部分国有企业效率的文献。但是这些综述往往只涉及国有企业效率的某一个方面，其重点也不是围绕国企效率展开的。

与这些既有文献不同，本章着重考察中国国有企业的效率，这一研究从多视角全方位地透视国有企业效率，并试图通过对文献认识的梳理辨识出国有企业改革的方向。通过整理相关文献，我们发现，尽管文献认识的立足点各有差异，但是总体来看，既有文献的落脚点集中在三个方面：一是从企业理论出发论证国有企业为什么会效率低下，并利用企业或行业层面的数据对国有企业效率予以验证，我们将这一类文献概括为“微观效率”文献；二是从宏观视角论证国有企业整体对经济增长的影响，我们称之为“宏观效率”文献；三是在认识国有企业效率的基础上，分析国有企业效率低下的原因、改制的后果、激励和约束的条件。因此,本章着重从这三个方面对既有文献进行梳理,力图得出进一步的认识。图 2.1说明了我们进行文献梳理的框架结构。

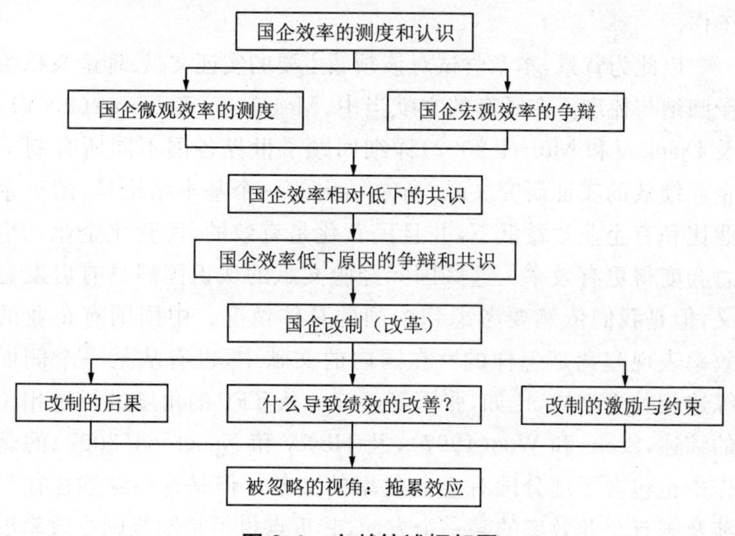

图 2.1　文献综述框架图

本章剩余部分安排如下:第 2.2 节梳理国有企业微观效率损失的认识;第 2.3 节综述国有企业的宏观效率文献;第 2.4 节对国有企业效率低下的原因、改制后果、激励与约束条件给予详细梳理;第 2.5 节总结全文并给出未来的研究方向。

2.2

国有企业的微观效率:实证文献的认识

有关国有企业的效率,大量的文献从多个方面对其进行了研究。尽管存在细节方面的争论,但是这些文献所取得的一个共同认识是,相对于其他所有制企业而言,国有企业效率十分低下,往往是各种所有制中表现最差的。而且,改制可以显著提高企业绩效。

2.2-1 所有制视角

大量文献从所有制结构的比较来检验国有企业的经济效益。例如,刘小玄(2000)利用1995年全国工业普查的数据研究发现,各所有制企业效率从高到低的排序为私营个体企业、三资企业、股份和集体企业、国有企业,国有企业在各类所有制中效率最差。姚洋(1998)利用第三次工业普查的企业资料,在对12个大类行业中的14 670个企业的样本数据进行分析后发现,与国营企业相比,集体企业的技术效率高22%,私营企业高57%。姚洋、章奇(2001)利用1995年工业普查的数据对影响企业技术效率的各个因素进行了检验,结果也发现,非国有企业比国有企业的技术效率更高。刘小玄(2003)还进一步检验了中国转轨经济中产权结构和市场结构对于产业绩效的影响作用,发现国有产权结构变量对于产业绩效具有明显的负效应,对产业集中率和规模变量则具有正效应。胡一帆、宋敏、郑红亮(2006)利用世界银行在1996—2001年间对中国5城市6部门700多家公司的调查数据,研究了所有制多元化对公司绩效的影响,他们发现:相比于国有股份,私有股份和外资所有股份对公司生产率具有更大的激励作用，在法人股中，只有私有法人股和公司生产率正相关。

另一些文献对上市公司当中国有股权对企业绩效的作用进行了检验。田利辉(2005)使用我国上市公司的面板数据发现，国有参股的公司绩效表现劣于无国有参股公司，国有控股的公司绩效表现劣于非国有控股公司。Sun 等(2000)发现国有股持股比例与以权益市净率度量的公司绩效呈倒 U 形关系。Zhang 等(2001)对中国 26 个行业 1996—1998 年 1 838 个企业的面板数据进行研究后发现，资本结构、税收和福利负担对中国企业的财务绩效有着显著的效应。在对这些效应进行调整之后，国有企业依然表现出较差的财务绩效，他们将这归因于“软信贷”(soft loans)效应。尽管国有企业的生产效率在这一时期内有着较快的进步，但是利润增长依然落后于其他所有制结构的企业。Hovey(2005)运用逐年分析法和对 1997—2001 年的 3 835 个观测值的混合回归发现，政府所有权与企业绩效有着负向相关关系。Sun 和 Tong(2003)研究了 634 家上市国有企业从 1994—1998 年的数据，发现了国有股对上市公司绩效的负面效应。类似的研究结论也体现在相关文献中(Wei and Varela，2003；Wei et al.，2005；Xu and Wang，1999)。

然而，刘芍佳等(2003)指出，在中国的官方统计报告中，对股本类型所做的国有股与法人股的分类导致了对中国上市公司终极产权所有者的模糊界定，从而一些研究股权结构对公司绩效的文献可能存在偏误。是谁拥有终极的产权，不同的控股类型是否导致了企业绩效的差异？针对这一问题，刘芍佳等(2003)应用终极产权论(the principle of ultimate ownership)对中国上市公司的控股主体重新进行了分类，结果发现，中国 84%的上市公司最终仍由政府控制，因此可以判断出上市公司的股本结构仍然是国家主导型的。在按照新的控股主体分类标准对不同的控股类型进行了绩效筛选比较后，他们发现，在国家最终掌控的上市公司中，相对来讲代理效率损失最低的企业具有以下特点：国家间接控股、同行同专业的公司控股、整体上市。沿着“终极产权论”的思路，夏立军、方轶强(2005)进一步根据上市公司披露的终极控制人数据，将上市公司细分为五种类型。他们以 2001—2003 年期间的上市公司为样本，对政府控制、治理环境与公司价值的关系进行了实证分析，研究发现，政府控制，尤其是县级和市级政府控制对公司价值产生了负面影响，但公司所处治理环境的改善有助于减轻这种负面影响。杨记军等(2010)利用 2003—2007 年国有企业的股权转让数据研究也发现，民营化确实提高了企业经营业绩，但终极控制权仍保留在政府内部的“换汤不换药”的控制权转让方式并没有显著改善企业业绩。

2.2-2 全要素生产率视角①

另一些文献关注国有企业的全要素生产率(TFP)的增长，试图通过对全要素生产率的测度来考察中国国有企业的经济效益。但是正如 Jefferson 等(1996)所指出的那样，由于生产率受到多种因素的影响，很难辨别出生产率变化的真正原因。也正因为如此，在如何度量国有企业的 TFP 以及中国国有企业的 TFP 到底是多少的问题上，学界一直争论不清。并且随着国企改革的演进，人们对于国有企业 TFP 测度的研究热情在不断变化。对于国企 TFP 的测度，大量的文献集中在 20 世纪八九十年代，而进入到本世纪后，有关国企 TFP 的文献相对较少，这可能是由于国企改革重要

① 有关国有企业的全要素生产率方面，Sachs 和 Woo(1997)、张军等(2003)、Felipe(1999)都进行过细致丰富的综述和讨论，这里部分借鉴了这些已有的综述。

性的下降引起的。

在一些早期的测度文献中，并没有发现中国国有企业的效率增进。例如，邹至庄(1984)用可比价格作为中国工业企业的投入品和产出品的缩减指数来估算“真实投入”和“真实产出”，以此“真实数据”计算得到的中国工业企业的 TFP 基本上没有增长的趋势，中国工业产出的增加主要是由于资本资产的增加，而不是技术的改进(邹至庄，1984)。但是随着认知的推进，人们对于国有企业 TFP 的认识争论颇多。根据 Sachs 和 Woo(1997)的划分，对于国有企业 TFP 的测算结果大体上可以分为三类：

第一类认为中国的国有企业具有较高的 TFP 增长率。例如，陈宽等人(Chen et al.，1988)利用 1953—1985 年的数据，分别用 C-D 生产函数和超越对数生产函数进行了估算，结果发现，这一时期中国国有企业的 TFP 每年增长 1.9%—2.8%；在 1957—1978 年期间，TFP 增长率为 0.4%—1.4%，而在 1978—1985 年间，这一增长率达到 4.8%—5.9%。Jefferson 等(1992)利用 1984 年和 1987 年两个年份 293 个样本企业的横截面数据，研究得出，国有企业的 TFP 在改革后的 1980—1988 年间有显著的增长，年均增长率大约为 2.4%，集体企业的 TFP 增长率更高一些，达到了 4.6%。在另一篇文章中，他们(Jefferson et al.，1996)又发现 1980—1992 年间这一增长率为 2.5%。Groves 等(1994)估计 1980—1989 年间食品生产行业的年 TFP 增长 2.3%，电子行业年 TFP 增长7.9%。周黎安等(2007)利用 1998—2004 年中国制造业企业数据发现，尽管国有企业平均来看较其他所有制企业的生产率低，但在 1988 年之后新成立的国有企业日益增加的代际优势，表现出了明显的追赶效应。谢千里(2008)利用 1998 年和 2005 年的全部国有及规模以上非国有工业企业数据研究指出，虽然国有企业的全要素生产率依然是各种所有制中最低的，但其年增长率是最快的，达到了15.63%。

第二类认为中国的全要素生产率几乎没有变化甚至出现恶化。例如，Woo等(1994)使用1984—1988年的300家大中型企业的数据发现，国有企业在1984—1988年间，TFP的增长至多为零。他们认为，谢千里等人之所以能够得出TFP增长率为正的结论，是因为他们不但完全剔除了中国工业部门的非生产性投入，而且高估了中间产品的价格指数。①Huang和Meng(1999)利用随机边界分析方法对967个国有企业的调查数据研究，发现1986—1990年TFP的增长为-2.2%。孔翔等(1999)对1990—1994年的数据研究也发现，部分行业(如化工、纺织业、建材行业)的国企出现了全要素生产率的负增长或零增长。

第三类介于前两者之间，多半认为1985年后TFP的增长放慢。Wu和Wu(1994)发现1979—1984年间TFP增长而在1985—1992年间停滞。Perkins等人(1993)在全国范围内，TFP指数1981年为100，1985年为104，1989年下降到81，而且TFP的增长存在着显著的地区差异。大琢启二郎等人(2000)的计算结果显示，国有企业的工业净产值在1978—1995年平均年增长率为6.3%，而同期全要素生产率平均年增长2.5%。这意味着改革对国有企业的效率产生了积极的影响，但是从全要素生产率的指数变动来看，国有企业的全要素生产率在20世纪80年代末以后却处于停滞状态。这意味着90年代以来的改革对国有企业的生产效率的影响是非常有限的。这一结论与Wu(1995)和Jefferson等

① 针对胡永泰等人的批评，谢千里等人很快进行了反批评(Jefferson et al.，1994；谢千里等，1995)。在对其数据做了仔细检查之后，谢千里等人认为他们并没有高估国有企业的产出或低估其中间投入；相反，非国有企业的数据的水分倒是比较严重和突出的问题。

(1996)更细致的研究结论比较一致,后者发现,国有企业的全要素生产率在20世纪80年代末有下降的趋势。李利英(2004)运用对769家国有企业1980—1999年间的调查数据,用时间参数法对样本企业的生产率长期变动趋势进行测定,发现除个别年份外,样本企业的生产率一直保持增长态势,但与20世纪80年代相比,90年代生产率增长的速度有所下降。

其实,在改革的进程中,TFP发生这种先增后降的变化不难理解。在20世纪80年代,由于经济体制的不断改革,尤其是国有企业自主权的扩大以及随后实行的承包经营责任制(郑玉歆、罗斯基,1993),国有企业的生产率有了较大幅度的增长。并且,这一时期的生产率增长更多地来自由制度性变革释放出来的生产潜力和能力,而生产技术水平的提高对生产率增长贡献的比重并不是很大(郑玉歆、罗斯基,1993)。而随着制度变革潜力的逐渐释放,生产率的增长越来越依靠技术水平和技术效率的提高,但是在这一方面,中国的企业表现的并不理想。郑京海等(2002)在1980年到1994年的700个国有企业样本数据考察了国有企业的生产绩效。经验研究结果表明,与样本企业中的最佳实践企业相比,这些样本企业的技术效率普遍较低。尽管生产率增长引人注目,但这一增长主要是通过技术进步而不是通过提高技术效率。郑京海等(2008)进一步发现,改革的措施往往导致对TFP的一次性的水平效应。因此,中国现在需要调整其改革方案以促进生产率的持续增长。

在生产率的影响方面,资源误配也是企业效率低下的重要原因。因此,近年来的一些经济学家逐渐开始测度资源误配以及资源重置对生产率的影响。Hsieh和Klenow(2009)测度指出,如果以美国企业作为参照系,中国的制造业企业能够像美国企业那样将资源配置给高生产率的企业,那么中国的TFP可以提高30%—

50%。Brandt 等(2009)也在利用 1998—2006 年的中国制造业企业数据对 TFP 增长率进行分解后指出,如果企业能够自由进入和退出,资源从低效率的国有企业向高效率的民营企业流动,那么这种资源重置将进一步提高中国企业的 TFP。聂辉华、贾瑞雪(2011)使用 1999—2007 年中国全部国有及规模以上制造业企业数据,采取解决了联立性和样本选择问题的 OP 方法(由 Olley 和 Pakes(1996)等发展的一种非参数方法,将生产函数的估计与非参数的估计结合起来,其优点是能够同时解决全要素生产率估计中的联立性和样本选择问题)计算了企业的 TFP,且发现中国制造业总体的资源误配现象非常严重,其中国有企业的资源误配程度最严重,行业内部的资源重置效应近似于 0,进入和退出效应没有发挥作用。但所幸的是,这种资源误配的程度随着时间得到了逐步缓解。

虽然国有企业的生产率在改革以来一直在上升,但是其利润率却呈现下降趋势,李利英(2007)将之称为"效率悖论",并指出了其中的深层原因,一方面,市场竞争的加剧在促进国有企业效率提高的同时降低了利润率,另一方面,国有企业改革改变了企业的相关利益主体的利益分配格局,所有者的相对地位得到了弱化。并且,尽管企业生产率都得到了不同程度的增长,但是不同所有制企业间劳动生产率差距越来越大(陆铭,2003),因此,一个自然而然的问题是,为什么改革没有提高国有企业的相对劳动生产率?陆铭(2003)通过一个国有企业工资和就业决定模型说明,对国有企业的工资和就业管制可能造成一些通常被认为有效的改革措施(如提高管理者固定收入和利润分成比率)反而阻滞企业重构,从而可能使企业的相对劳动生产率恶化。

事实上,TFP 估计差异主要是因为影响因素太多,数据集的选择、生产函数的选择、技术变革假定、估计方法、投入和产出缩减因子的选择、观测值的剔除等都对 TFP 的测度具有重要影响。① 更为重要的是,即使 TFP 确实得到了增长,也不一定产生积极影响。根据 Bai 等人(1997)的研究,TFP 的增加只有当公司追求利润最大化和以市场为导向时,才可以很好地反映福利的改善。然而,对改革中的国有企业,这些条件并不满足(实际上,这正是国有企业改革的原因),管理者的一个重要的非利润目标是过分追求产出。因此,国有企业配置效率和财务状况(直接影响到宏观经济稳定)可能因为 TFP 的改善反而表现不良。

在人们对于中国的国有企业 TFP 到底是否增进、增进的程度如何这些问题争论不休时,另一部分文献比较了不同所有制结构 TFP 的增长率。一个显而易见的事实是,无论国有企业的 TFP 是否在增长,只要其慢于其他所有制企业,那么改革国有企业的含义就不言自明。所幸的是,在这方面,经济学家们取得了一致的认识。一个基本的共识是,国有企业的 TFP 往往是各类所有制企业中最低的。例如,Lo(1999)运用 1980—1995 年的数据估算出了 C-D 生产函数,比较了大中型国有企业的 TFP、国有企业的 TFP 和乡镇企业的生产率。结果显示,乡镇企业的生产率增长快于国有企业和大中型国有企业,但是大中型国有企业的生产率增长要

---

① 关于全要素生产率的测度方法,多有争议,且各存缺陷。在一篇专门对于全要素生产率方法的综述中,于永达、吕冰洋(2010)这样评述道:"由于实证分析方法的局限性,现有研究对中国 TFP 的判断存在很多不确定性:索洛余值法的缺陷是存在非体现技术进步、规模收益不变、要素产出弹性不变和单方程假定;数据包络分析方法的缺陷是不能剔除随机因素的影响;随机生产前沿方法的缺陷是先验地确定随机误差项的概率分布形式。并且,这些方法都难以解决地区经济的异质性和空间相关性问题。从未来的研究方向看,对中国生产率研究可能会更多地转向对体现式技术进步的分析,以及用空间计量技术解决经济变量空间相关性问题。"

比国有企业总体的增长快。周黎安等(2007)利用1998—2004年中国制造业企业数据发现,平均来看,国有企业较其他所有制企业的生产率低。谢千里(2008)利用1998年和2005年的全部国有及规模以上非国有工业企业数据研究表明,国有企业的TFP依然是各种所有制中最低的,根据其测算,全部国有企业、集体企业、私营企业、外资企业和其他企业在2005年的全要素生产率分别为2.38、2.69、2.66、2.53、2.72。Brandt等(2008)利用1978—2004年的数据研究表明,尽管国有部门的TFP在不断得到提高,但是仍然远远低于非国有部门。改革以来农业部门、非农非国有部门的全要素生产率的年增长率分别是5.38%和4.33%,而国有非农部门的TFP年增长率仅为1.66%。至2004年,非国有非农业部门的TFP比国有部门高出80%。

国有企业的生产率表现是一个有争议的问题,但是有必要将学界具有共识性的观点铭记于心:如果从所有制结构的比较来看,几乎所有的相关文献都证明,国有企业的TFP和其他所有制结构的企业有着明显的差距。

2.2-3 代理成本视角

考察国有企业效率的另外一个重要视角是代理成本,实证研究表明,国有企业的代理成本高昂,是众多所有制中最高的。平新乔等(2003)对中国国有企业代理成本的规模、原因进行估计与分析,发现在现存的国有企业体制下,代理成本使企业效率只达到了30%—40%。模拟估算的结果显示,采取租赁、出售或租售国企的方式,大约可以使利润潜力的利用率增加20个百分点。李寿喜(2007)选择政府管制较少、竞争较为充分的电子电器行业作为研究对象,考察了产权制度与代理成本和代理效率的关系,研究发现,在代理成本上,国有产权企业普遍高于混合产权企业,混合产权企业高于个人产权企业，在代理成本差异上，混合产权企业与个人产权企业的差异小于国有产权企业；而且，随着市场竞争程度的提高，各类产权企业的代理成本都呈现下降趋势，其代理效率呈现提高趋势。

在到底什么导致了中国国有企业高昂的代理成本问题上，有关学者也进行了探索。Zhou 和 Wang（2000）认为，代理成本可以被定义为企业由所有者自己经营时和由代理人经营时导致的利润差额。中国国有企业占据了 2/3 的中国工业资本和 70％的银行贷款，但是其产出只占工业总产出的一半。他们通过构建数理模型讨论得出，绝对的国有资产管理体制导致了高昂的代理成本。张维迎（1995）分析了公有经济的委托—代理关系及对效率的影响，证明了公有经济的效率随着委托—代理层次的增加而递减，国有企业的高昂代理成本可以归因于这种庞杂冗长的委托代理关系。

2.3

国有企业的宏观效率争辩

以上文献都是从国有企业的微观效率和直接效率层面来测度的，有没有可能从宏观的角度看，国有企业是有效率的呢？对此，刘元春（2001a）认为，在一个充满“次优问题”的世界中，宏观效率与微观效率并不一致。他认为从宏观上看，在实行“后赶超战略”的社会主义市场经济中，国有企业可以作为克服“市场失灵”和“政府失灵”的制度安排，成为“技术模仿、技术扩散和技术赶超”的中心，充当转型期“宏观经济的稳定者”、“社会福利和公共品的提供者”，因而在宏观上是有效率的。沿着这条思路，刘元春（2001b）进一步认为,国有企业的效率必定呈现出“从微观财务角度来看是非效率的,但从 TFP 来看是有效率的;从微观竞争和经济比重的变化来看是非效率的,但从宏观经济影响来看是有效率的;从生存竞争指标来看是非效率的,但从宏观社会经济资源配置来看却是有效率”的“悖论”。从理论上讲,这是一种可能。然而,刘元春的这两篇文章都未能提供严格的检验和论证,在两篇文章中,刘元春仅仅列举了一些数据图表,他的缺陷是:第一,未能提供一个完整的理论框架和模型加以论证;第二,在作出结论时过于武断,仅仅通过一些具有高度歧义的图表的罗列来说明问题,而未能给出稳健的计量检验。面对这种提法,杨天宇(2002)迅速地回应了刘元春的观点,他在《“国有企业宏观效率论”辨析——与刘元春先生商榷》一文中指出,刘文的立论涉及两个问题:第一,国有企业是否可以真正起到上述作用;第二,如果国有企业确实具有上述功能,那么这种功能从宏观来看是得大于失还是得不偿失,如果国有企业的上述功能从全社会来看是得不偿失的,那么显然不能说它是有“宏观效率”的。经过对中国宏观数据的分析,他的结论和刘元春(2001)的结论恰恰相反。

然而这两篇文章都没有能够提供坚实的实证支撑。许多学者对国有经济与经济增长之间的关系进行了检验后发现,国有经济与经济增长之间呈现显著的负效应。Lin(2000)用国有部门投资占全社会固定资产投资比重来衡量国有企业部门规模,研究发现,不论是在 1983—1996 年的整个时期里,还是在 1983—1990 年和 1990—1996 年这两个时段里,国有部门规模对经济增长都存在显著的负面影响。Chen 和 Feng(2000)用国有企业产值占地区收入比重衡量国有企业部门规模,用 1978—1989 年的数据进行了估计,发现国有企业阻碍了经济增长。Phillips 和 Shen(2005)利用中国的省级面板数据进行了计量检验,结果发现,国有企业规模和省级经济增长率之间存在着稳健的负向关系，工业产出中国有企业比重每下降10％可促使下一年度的GDP增长0.7％—1.2％，国有企业的就业比重每下降10％可使经济增长率平均上升1.6％—2.3％。林毅夫、刘明兴(2003)的研究也涉及了这一点，用国有工业总产值占工业总产值的比重来衡量国有企业部门规模，对1978—1999年的省级面板数据研究发现，国有企业部门规模对经济增长产生了显著的负效应。董先安(2004)在对1985—2002年中国地区收入差距来源的分析中也发现，国有企业比重对经济收敛性存在显著的负影响。

尽管绝大部分的文献都证实了国有经济整体对经济增长的负面效应，但是也有文献提供了国企效应不显著的证据。黄险峰、李平(2009)依据中国各地区1992—2003年的数据分析发现，在中国的经济转轨过程中，国有企业部门的低效率和正外部效应都是显著的，并且从经济增长的角度看，这两种影响差不多正好相互抵消，因此，总体上讲，国有企业对中国经济增长的贡献与其他部门相比并不存在显著差异。黄险峰、李平(2008)进一步利用1990—2004年的中国各省区的有关数据，采用了5个衡量国有企业部门规模的变量分别进行检验，发现不同的变量的系数显著性存在很大的差别。他们认为如果根据衡量指标的准确性程度对估计结果进行选择的话，较好的衡量国有企业部门规模的变量都是不显著的。不过他们的研究尚且存在两个问题:第一，没有进一步克服计量模型的内生性问题;第二，他们所谓的指标准确性选择具有很大的主观性。更为重要的是，这一结论和现实观察有很大的出入，如果国有企业对经济增长的正负效应刚好互相抵消，那么为什么那些国有比重越高的地区取得了越差的经济绩效呢?

事实上，仅仅关注国有经济自身的效率损失和其对经济增长的直接作用固然有益，但是这却忽视了另一种效率损失，即因自身效率损失而引发的拖累效应。基于此，刘瑞明、石磊(2010)扩展了国有企业效率损失的内涵，认为国有企业的效率损失应该包含国有企业本身的效率损失和由这种效率损失进一步带来的其他效率损失两种。国有企业不仅本身存在效率损失，而且由于软预算约束的存在，其拖累了民营企业的发展进度，从而对整个经济体构成“增长拖累”。对中国 1985—2004 年 29 个地区的省级面板数据的计量结果表明，国有经济比重对民营经济增长和总体经济增长产生了显著的负面效应。刘瑞明(2011a)进一步从中国转型经济中的金融压抑和所有制歧视的角度出发分析认为，在经济转型过程中，庞大的国有经济不仅因为自身的效率损失影响了经济增长，而且通过金融压抑、歧视和效率误配损害了民营经济的成长，最终对整个国民经济产生拖累效应，对中国省级面板数据的检验初步证实了这一逻辑。在另外一篇文章中，刘瑞明(2012)还进一步探索了国有企业与市场分割之间的关系，认为在转型的过程中，市场分割扮演了对地方国有企业进行隐性补贴的作用，各个地区的国有企业规模会影响市场分割的程度，在对中国的省级面板数据进行检验后发现，国有比重的确带来了市场分割程度的增加，从而损害了潜在的分工收益。

此外，有文献还进一步围绕初始所有制结构对增长轨迹的影响、国有经济比重与企业进入壁垒、地区产业集聚、生产的不确定的关系等展开了探讨。刘瑞明(2011b)指出，在向市场化转型的过程中，地区的所有制结构禀赋有可能令初始国有比重较高的地区陷入历史锁定效应，而令初始国有比重较低的地区快速发展，出现极化效应并导致地区差距的不断扩大。利用中国各省(1985—2008 年)的数据进行经验研究后发现，初始的国有比重对于地区经济增长具有显著的负面效应，初始的国有比重越高，则后续年份的平均增长率越低。所有制结构的转变对经济增长具有积极作用,国有比重的下降显著地促进了地区经济增长。杨天宇、张蕾(2009)利用2004年全国经济普查中153个制造业行业的横截面数据发现,国有经济比重对企业进入有显著的阻碍作用,同时国有经济比重对企业退出有显著正效应。王珺、杨本建(2010)也发现,国有企业更为偏好自制而非购买,这导致了集聚效应不足,国有比重越高,则地区产业集聚越差。王志刚等(2006)通过对1978—2003年分省数据的实证检验发现,国有化程度对生产效率有负面影响,国有企业比重越高,生产的不确定性越高。

2.4

国有企业的效率损失来源、改制后果与激励约束条件

2.4-1 国有企业效率损失的来源:所有制、政策性负担抑或其他

尽管在实证认识上,人们普遍认为国有企业的相对绩效较差,但是在为什么国有企业会效率低下的问题上,理论界却争论不休。就中国的国有企业效率而言,国内理论界存在三种重要认识。

第一种认识被称为"产权论",认为国有企业低效根源于所有制下引发的一系列委托代理问题和效率损失(张维迎,1999)。由于产权论的支持者往往也主张引入现代企业的治理结构,因此,尽管产权论和公司治理结构论在理论侧重点方面存在一定偏差,但这两种理论往往被归结在一起。张维迎(1999)指出,企业制度要解决激励机制和经营者选择机制两个问题,虽然中国的国有企业改革在解决经营者的短期激励问题方面都是比较成功的,但是这没有解决经营者的长期激励问题和经营者的选择问题,因为国有企业的经理是由政府官员而非真正承担风险的资产所有者选择

的。为此,必须对国有企业和国有银行进行民营化改革。这一理论视角得到了学界的普遍认同,基本上成为一种主流解释。石磊(1995)曾详细论证了委托代理制度下的国有企业改革。而且这一理论也得到了经验支持,刘德强(2001)利用其在1999年对中国钢铁企业比较集中的辽宁、河北、四川和江苏四省的20余家不同所有制类型的企业1995—1999年的调查数据,在对国有企业、乡镇企业以及股份企业和三资企业进行统计分析后发现,国有企业的经营者不仅努力不足,有些能力也不足,这意味着我国目前的国有企业不仅缺乏对经营者的激励机制,同时也缺乏对经营者合理的选拔机制。

第二种认识认为在国家赶超战略实施中国有企业承担了大量政策性负担,从而产生了逆向选择问题和软预算约束,导致效率低下(林毅夫等,1997)。林毅夫、蔡昉、李周(1998)认为,现代企业制度的核心是公平竞争的市场能够产生关于企业经营绩效的充分信息,从而降低经营者与所有者之间信息不对称、激励不相容和责任不对等的问题,使得企业的所有者得以有效地监督经营者的行为,并创造出所有者和经营者激励相容的企业管理制度。由于目前国有企业面临着一系列政策性负担,缺乏公平而充分竞争的市场环境,产生不了企业经营绩效的充分信息,因此,经营者侵犯所有者权益的现象难以避免。在他们看来,创造一个公平而充分竞争的市场环境是国有企业改革的核心。有了这种外部市场环境,并改进企业内部的管理体制,国有企业也可以是有效率的。这种理论也往往被冠以“竞争论”的称谓。

第三种认识从国家和国有企业的隐性契约出发,认为国家不能做到退出该合约关系,从而无法约束国有企业,导致国企选择低效率并迫使国家无法放弃低效的国有企业(张军,1994)。这一隐性契约更多地强调了国有企业退出过程中的退出成本。如果退出成本过于高昂，无法做到有效地解除合约，那么国有企业的道德风险问题自然不可避免。

值得注意的是，在改革的侧重点方面，现有的理论之间存在一定的争论，这尤其体现在以张维迎为代表的“产权论”和以林毅夫为代表的“竞争论”之间。他们的主要分歧在于产权论更强调产权改革从根本上解决问题，而竞争论则认为不必要非得进行产权改革才能达到改革目的，只要政府能够营造一个充分竞争的市场环境，同样能够达到良好的经济绩效。在这一点上，产权论的论述更加使人信服，因为如果不能将产权赋予私人并得到真正意义上的保护，政府就有对企业和地区经济事实上的控制权，出于各种地区或私人的目的，对企业的干预和控制是不可避免的，政策性负担相伴而生，企业也就不可能依据自身比较优势发展，从而也不可能具有自生能力（刘瑞明，2007）。

在实证文献方面，也有文献验证了产权论和竞争论的有效性。聂辉华等（2008）利用 2001—2003 年全国规模以上工业企业的平衡面板数据发现，给定市场竞争程度，国有产权明显比其他所有制带来的经营绩效更低，而且在各种竞争程度的市场环境下国有产权的劣势都很明显；在考虑了市场竞争对产权的影响后，国有资本对企业绩效的影响是显著负的，而私营资本对企业绩效的影响是显著正的。这表明，当前国有企业改革的重点应该是产权改革，继续改善国有企业内部治理结构。胡一帆等（2005）采用世界银行对中国 5 大城市、7 个行业的 700 多家公司在 1996—2001 年运营情况的调查数据研究发现：当分别对各单个因素进行考察时，各因素都对样本公司绩效有积极影响。然而当对这些因素进行综合考察时，产权结构与公司治理作用相对重要，而竞争效应则不甚显著。这些文献支持了产权论的主要结论。

但我们同时需要高度注意的是，刻意强调这些理论之间的争论对于国有企业的改革而言并不是一个明智的选择。就改革方向而言，尽管不同理论的侧重点有所不同，但是如果仔细阅读这些文献，我们会发现，他们在一系列改革问题上，如对基本产权的赋予和保护、鼓励良性竞争、发挥比较优势、市场经济中政府放松对国有企业的控制和干预等问题上有着类似的认识。正如胡一帆等(2005)所指出的那样，在产权与公司治理，以及产权与竞争之间，存在着某种程度的替代性。非国有企业在某些治理机制方面比国有企业显示出特定的优势，但另一方面市场竞争对于国有企业绩效影响大于对非国有企业的影响。现有的理论观点都有其片面性，对企业绩效的全面的研究需要将三个理论体系结合起来进行综合考察。总体来看，尽管在具体改革措施上依然存在争议，但是这三种理论是互补的，都为理解国有企业低效提供了重要思路。而且，从政策含义上讲，它们导出的基本政策指向是一致的，都是改革国有企业，提高经济绩效，建立公平公正的市场经济体制。

2.4-2 改制的后果

既然人们已经认识到国有企业的效率损失和国有企业的相对绩效较差，那么改革国有企业会带来绩效的提高吗？大量实证文献从国有企业的改制后果的角度作出了分析，一个基本的结论是，改制可以带来效率和经济效益的改善，而且并没有发现大的社会成本。

例如，白重恩等(2006)利用1998—2003年间全部国有企业和规模以上非国有企业的数据研究发现：改制后企业经济效益显著提高，并且主要来自代理成本的降低，表现为管理费用率的下降；改制带来了一定的社会成本，但和国际经验相比程度不是很大；国有控股改制的社会效益较好，而非国有控股改制的经济效益较好；改制效果在一定期间内持续。宋立刚、姚洋(2005)通过对1995—

2001 年 683 家国有企业的调查研究显示，改制对企业的利润率有显著的正影响，但是对单位成本和劳动生产率的影响较弱或不显著。这一研究还发现了明显的时间趋势，改制效果对于那些具有中等长度改制历史的企业以及在 1997—1999 年间实施改制的企业最为稳定，私人控股企业比国有控股企业表现得更好一些。郝大明(2006)利用 2001 年山东省第二次基本单位普查工业企业数据资料分析表明，国有企业公司制改革后的效率都有较为明显的提高，但不同经济类型公司的效率差异很大；在影响国企改制效率的因素中，企业经济类型的改变作用最大。胡一帆、宋敏、张俊喜(2006)根据世界银行一份对中国 5 个城市、覆盖 6 个行业的近 300 家国有企业 1996—2001 年间的调查数据发现：绩效较好的国有企业优先被民营化；总体上来说，中国的民营化是富有成效的，尤其是提高了销售收入，降低了企业的成本，并最终导致企业盈利能力和生产率的大幅提高；而且在获得这些收益的同时并没有带来大规模的失业问题；由民营机构控股、彻底民营化的企业比那些仍然是国有控股、部分民营化的企业绩效表现更好。刘小玄、李丽英(2005)通过对于 451 家样本企业(1994—1999 年)的调查数据的分析发现，国家资本股权的变化与企业效率水平有着显著的负相关性关系，而个人资本股权变化与企业效率水平呈现显著的正相关关系，法人股权的变化也具有较为显著的正相关性。所以，国退民进的改制方向与企业效率提高的方向是一致的。Song 等(2011)也指出，中国的经济增长部分来自低效率的国有部门向高效率的非国有部门的转移。李楠、乔榛(2010)利用 1999—2006 年中国工业行业数据，采用双重差分模型研究发现，国有企业绩效虽仍有别于其他所有制类型的企业，但经济绩效自 2003 年前后发生明显好转，国有企业绩效已经与非国有经济较好的三资企业无差异。

由于改制还涉及对就业的影响，D'Souza 等（2003）针对中国208 家在 1990—1997 年间上市的公司研究发现，上市后公司的就业没有显著变化，但是长期而言就业显著地下降。但该研究存在着较严重的计量问题，其结果有可能是不稳健的（黄玲文、姚洋，2007）。黄玲文和姚洋（2007）试图克服 D'Souza（2003）等人研究的弊端，进一步从产业结构调整、竞争和国企“减员增效”、改制企业规模扩张增加就业三个角度怀疑改制是国有企业员工大规模下岗的诱因这一判断，通过对 11 个城市 386 家企业从 1995 年到 2001年的面板数据的研究，评估了企业改制对就业的影响。结果显示，和一般印象相反，改制显著减缓了就业的下降趋势。而且，改制对企业的就业增长有持续的和递增的积极作用。同时，胡一帆、宋敏、张俊喜（2006）也发现，中国的民营化并没有带来大规模的失业问题。刘瑞明（2009）进一步指出了国有企业的“因就业而失业”现象，他发现在改革的过程中，虽然国有企业承担了大量冗员，但是由于冗员引发了软预算约束和拖累效应，反而损害了民营企业的就业和整体的就业。他利用 1985—2008 年的中国省级面板数据发现，国有职工比重与总体就业比重呈现显著的负相关关系。

2.4-3　什么导致了绩效的改善

既然改制和改革会对绩效产生影响，那么探寻这种影响的来源就显得异常必要。对此，一些文献开始检验绩效改善的影响因素。例如，Groves 等（1994）对中国国有企业的抽样调查数据的分析表明，国有企业的效率的确取得了一定的增长。他们认为，效率增长主要来自奖金的激励、人力素质和教育程度的改善。刘小玄、郑京海（1998）发现，企业留利、浮动工资比例、企业年龄、厂长工资、教育程度等对企业效率有着积极的正面影响。Liu 和 Liu（1996）指出，改革对企业技术效率的影响是较为明显的，奖金制度对效率改善的影响尤其显著。Yao(1997)研究了利润分享和奖金对中国 20 世纪 80 年代国有企业绩效的影响,发现超过半数的价值增值可以由奖金激励来解释,劳动力质量是另一个影响企业绩效的重要因素。郑京海等(2002)也发现,工资激励和职工学历对于国有企业生产率的增长有显著的促进作用。周权雄、朱卫平(2010)从国有企业内部的锦标赛竞争激励角度发现,薪酬差距的扩大和国企经营者赢得经济锦标赛激励的强化会增加国企经营者的努力水平,因而有利于公司绩效的提升。刘小玄、郑京海(1998)的文章指出,在中国企业改革过程中,生产率增长的决定因素除了由技术性规定的某些因素(如规模、资本装备率等)之外,最主要的因素是产权、人力资本和市场竞争。

除以上各种方式外,上市也是国有企业改进绩效的一种途径。胡吉祥等(2011)基于 1998—2007 年中国制造业企业层面面板数据发现,公开上市的企业的绩效在上市之前就相对良好,在控制了这种差别及其他的影响因素后,上市提高了国有企业的销售利润率、净利润水平、人均销售额和人均利润额,并促进了企业的资本支出和长期投资。有学者进一步研究了上市公司的治理结构对企业绩效的影响。武常岐、钱婷(2011)以 2004—2008 年中国国有上市公司为样本,进行研究后发现,集团控制会有效减轻国有企业的管理层代理问题,但是由此加剧的股东间代理问题依赖于外部监管程度。当外部监管程度较高时,集团控制不会加剧国有企业的股东间代理问题,而当外部监管程度较低时,集团控制会加剧国有企业的股东间代理问题。国有企业改革的绩效可能还依赖于外在的市场环境。辛清泉、谭伟强(2009)发现,市场化进程增强了国有企业经理薪酬之于企业业绩的敏感性,同时,相对于会计业绩而言,市场业绩在薪酬契约中的作用有逐渐增加的迹象。市场化改革可能降低了国有企业的在职消费水平。但行业保护和政府控制级别影响了市场力量塑造国有企业经理薪酬契约的能力。罗宏、黄文华(2008)运用 2003—2006 年 A 股上市公司数据研究发现，相对非国有最终控制的公司而言，国有最终控制公司高管人员的在职消费程度与公司业绩负相关，而支付现金股利可以显著降低高管人员的在职消费程度。这表明国企分红在抑制在职消费的同时，减少了代理成本。魏明海、柳建华(2007)以 2001—2004 年国有上市公司为样本，进行研究后指出，前国有上市公司的低现金股利政策促进了过度投资，且公司内部治理结构和外部治理环境的改善会制约国企的过度投资行为。

然而，值得注意的是，在实施“抓大放小”战略和 2003 年国家成立“国有资产监督与管理委员会”(SASAC，简称国资委)之后，国有企业的绩效呈现出两极化：在数量上只占极小一部分的大型国有中央企业的利润报表得到了迅速扭转，部分企业高居利润排行榜的前列，而绝大部分处于竞争行业的国有企业依然未能摆脱亏损的命运。①对此，刘瑞明、石磊(2011)认为，这是由中国特殊的“上游要素市场垄断，下游产品市场竞争”的“非对称竞争”市场结构造成的。由于大型国有中央企业在要素市场上维持了垄断地位，因此可以实施更强的垄断加成定价，这相当于征收了产品市场企业的隐性税收，是一种隐性的财政补贴。就经验证据来看，韩朝华、周晓艳(2009)利用 1999—2007 年的工业分行业数据进行了实证检验，研究发现，1999 年以来的国有工业利润增长的主要来源

① 历年的统计数据显示，国资委下属的 100 多家大型央企的利润都占到全部国有企业利润的 70%以上，如果再加上几家大型金融类央企的利润所占份额，这一小部分大型国企的利润总额几乎接近全部国有企业的利润总额，这意味着其他数量上约占 99%的国有企业依然处在微利或亏损状态。

不是国有企业的高效率，而是其在部分基础工业领域的垄断地位以及由此而来的定价权势。张曙光(2010)进一步指出，通过国家异常低廉的资源要素价格，要素市场中的国有企业享受了大量要素租金，这也构成了其利润的重要部分。天则经济研究所(2011)在其最新发布的一份课题报告《国有企业的性质、表现与改革》中更测算指出，如果从账面财务数据中还原企业的真实成本，并对政府补贴和因行政垄断所致的超额利润予以扣除，2001—2008 年间，国有及国有控股企业平均的真实净资产收益率则为−6.2%。亦即国企对外宣称的庞大利润实际为亏损。有意思的是，新近的一篇文章进一步研究了国资委是否可以解决国有企业效率的激励问题，Siqueira 等(2009)应用一个共同代理模型说明，地方委托人促进社会稳定与国资委提高国企效率的职能存在冲突，因此，将国企改革的重任赋予国资委可能会引致失败。他们指出，一个次优的选择需要社会计划者消除地方政府和国资委两个委托人之间的外部性，而从长期来看，最为简易的解决办法就是对国企私有化并且通过公共部门来促进社会稳定。

2.4-4 国企改革的激励与约束

事实上，认识到改革对于效率和绩效的改善并不意味着改革就能得到推进。由于改革的主要推行者政府具有自己不同的目标函数，因此，国有企业的改革面临着激励与约束。比如，政府到底是因为增加税收、甩掉包袱而进行国有企业改革的呢，还是从效率的角度出发进行改革的？政府在国企改制过程中到底是更多地考虑国有企业的负债，还是考虑到地区的就业和稳定？面对这些问题，许多文献研究了政府为什么要改革以及改革的约束条件等问题。

王红领等(2001)提出了这样的问题：作为国有资产所有权的

代表,政府为什么会放弃国有企业的产权?他们指出,经济学文献中存在两类重要解释:一种是“效率论”,认为政府放弃国有企业产权的目的在于提高效率;而另一种是“收入论”,认为政府是出自财政的压力,即停止对亏损国有企业的补贴,或出售国有资产增加财政收入。利用对中国几百家国有企业的三次调查数据,他们的实证研究为“收入论”提供了支持。张维迎、栗树和(1998)提供了这样一种理论解释,国企民营化的一个重要背景是中央对地方的分权和地区间竞争,20 世纪 80 年代初的地方分权政策导致了地区间竞争,地区间竞争又反过来引发了民营化。由于产品市场上的地区间竞争非常激烈,每一个地区都必须尽可能降低生产成本,以保持生存所需的最小市场占有份额。为了促使经理降低生产成本,地方政府就必须让渡全部或部分股份给经理。一般而言,产品竞争越激烈,引发的民营化程度也就越高。

在后来的很多实证文献中,收入论都得到不同程度的证明。Liu 等(2006)发现,地方政府是否有激励私有化国有企业,依赖于所有权转移是否同时有效地促使地方税收增长而又不牺牲官僚个人控制权;一个特定的私有化项目能否成功,依赖于其是否满足管理者合作约束、工人补偿约束和银行债务支持约束。此外,杨治等(2007)进一步指出,拥有公有企业控制权的政府会从公有企业的持续经营中获取政治收益如就业、税收、企业利润以及个人福利等,政府或政府代理人的收益将会影响公有企业的改制决策。他们的实证研究表明,当集体企业为政府或政府代理人贡献的政治收益越高,在生产投入和产品销售上越依赖于政府,对于地方经济越重要时,集体企业越不容易发生改制。韩朝华、戴慕珍(2008)依据 145 户中国工业企业的调查数据发现,产权重组显著提高了改制企业的纳税水平和创税效率,这符合政府主体追求财政效益最大化的本性。在公有企业的产权重组中,政府主体追求财政效益最大化的动机往往是一个重要的推动因素。朱恒鹏(2004)运用1994—2002年中国省级财政收入和经济结构数据证明,各省市自治区中非国有经济比重的上升能显著提高地区的财政自给率。由此推断,中国各级政府在20世纪90年代中广泛推行国有企业产权重组是出于财政收入扩张的动机。谭劲松等(2009)通过对1996—2004年深圳市属上市公司重大重组案例的讨论发现,分权化改革后地方官员的主要政绩表现方式及其变化,是地方政府积极参与地方企业重组行为的直接原因,而政治气候、政策法规、市场环境以及地方企业资源等制度环境和施政约束条件的变化,则是导致地方政府不同重组行为的根本原因。古志辉、蔡方(2005)也认为,提高政府财政收入是国有企业改革和利税改革的主要原因。

郭凯、姚洋(2004)利用1995—2001年期间11个城市企业水平的面板数据,对5种国有企业改制成因的假说进行了检验。结果发现,改制与企业预算约束的硬化之间有正向的关系,而过高的债务和冗员率则阻碍了企业的改制。市场化和地方政府的财政状况对企业的改制也有一定的影响,但企业效率的改进在改制决策中不起作用。Bai等(2005)也从多任务的角度分析认为,国家之所以要保持一定比例的国有企业,事实上是因为在社会保障体制不完善的情景下,国有企业具有多重功能,为了维持就业和稳定,就不能使大批的国有企业迅速改革。郭凯和姚洋(2004)指出,效率假说不成立的另一个原因是,改制是多个主体之间的相互博弈,这会阻碍有效制度变迁的产生。如上论述得到了其他学者的支持。顾建平和朱克朋(2006)分析道:“改革是一个利益博弈过程,处理好各利益相关者的利益关系是改革成败的关键,国有企业改革过程中的利益补偿要求和多重政府职能会影响改制的利益空间,从而阻碍了国企民营化的顺利推进。”对于国有企业的政治顾虑在近年来越来越显得重要。杨记军等(2010)利用2003—2007年国有企业的股权转让数据研究发现,近年来政府转让国有企业控制权的政治动机明显,而追求企业经营业绩的经济动机减弱,转让中倾向于保留规模大的和有战略意义的企业。这种政治顾虑在投资者理性预期之后,降低了民营化带来的短期累积超额回报。而且,尽管民营化带来了国企事后的业绩改善,但政府事前却因为政治顾虑而不存在把业绩不好的企业转让出去的明显倾向,这种逻辑不一致性折射出我国当前国有企业改革面临的困境。

事实上,由于背后存在巨大的物质利益,地方政府对国有资产的控制和产业实施控制与保护,这对资本市场、劳动力市场与商品市场等要素市场的效率造成了损害(平新乔,2004)。正如王红领等(2001)指出的那样,政府对失业和降低控制权收益(来自对国有企业直接的控制权)的担心是国有企业民营化或破产清算的重大障碍,因此,一个简单的含义是:采用一个将政府目标函数考虑在内的次优民营化或破产清算方案是明智的;同时,对政府来说,这也许比一个无法实施的最优方案更为可行。

2.5

结语

中国国有企业的效率一直是人们关注的问题,也是国企改革的重要依据。如今已形成对国有企业效率的测度、国有企业效率低下的原因、如何改进国有企业效率等方面的大量分析,形成了有益的认识。尽管就现有文献来看,在具体的细节问题上,学界依旧存在争执,但是一个潜在的共识是:相比其他产权结构而言,国有企业的效率、绩效都是较低的。国企改制往往能够获得效率的提升,但是政府的改革动机往往来自财政压力,国企改制的过程中有必要充分考虑政府的目标函数。就此而言,坚持在公开、公正、公平的透明机制下进行国企改革依然是未来的重要方向。

同时,现有文献在认识上依然存在局限,这集中表现在以下几点:第一,现有文献更多地关注国有企业对于经济增长的"直接效应"的研究,而对"间接效应"和作用机制的研究相对较少。对于这种间接效应的探索构成了进一步深入理解国有企业效率的重要方向。第二,尽管学界对国有企业效率与经济增长之间关系的认识基本一致,但是由于受样本数据、计量方法、指标选择等方面的局限,也存在部分争议。因此,如何选择合适的指标、方法,在计量检验的过程中严格控制内生性问题还需要进一步深入研究。第三,就目前来看,现有文献要么构建了微观模型来分析国企代理人的选择,刻画道德风险或是逆向选择带来的效率损失;要么通过宏观模型来分析国有企业对经济增长的效应,而没有能够提供一个包含微观经济基础的宏观模型对经济发展模式加以刻画。尤其是未能将所有制结构效应嵌入内生经济增长模型当中,使得经济结构缺乏动态性和完美性,因此,如何发展更为坚实而具有解释力的理论模型构成了未来的研究方向。第四,现有文献更多的关注国企效率和经济增长之间的关系,而不同程度地忽略了国有企业与就业、收入分配等方面的研究,因此继续探索国有企业如何影响了这些社会目标也成为一个值得深入探索的领域。随着改革的推进,这些问题越来越成为研究者们面前的重要课题。所幸的是,随着中国改革进程的不断深化,中国的转型经验可以为我们提供丰富的研究素材和发现理论的机遇。

根据我们对国有企业效率损失的定义,其应该包含两种:一是国有企业本身的效率损失,二是由这种效率损失进一步带来的其他效率损失。传统观点强调国有企业本身的效率损失而忽略了第二种效率损失。根据这一定义,对于国有企业效率损失的探索也应该分为“两步走”的战略:第一步,从微观数据验证国有企业效率是否真的较低,这也正是既有文献所着重考察的;第二步,考察这种本身效率损失究竟通过什么样的方式带来了其他效率损失。从已有的文献来看,第一步已经有大量的工作,并且已经得到良好的实现,而第二步尚未有坚实的文献帮助人们认识国有企业效率损失。既然如此,现在,让我们迈出第二步吧。

3

生存困境、软预算约束与增长拖累：机制Ⅰ*

3.1

引言

在国有企业改革30余年后的今天来重新评述国有企业的效率损失，已不再是什么新颖的课题。而且，人们似乎已经找到了国

* 本章主要内容以“国有企业的双重效率损失与经济增长”为题，发表于《经济研究》2010年第1期，署名：刘瑞明、石磊。

有企业效率的各个方面的影响因素，这应归功于30年中不断探索的理论工作者们。但是，当我们重新梳理国有企业效率的文献时，一个令人诧异和遗憾的发现是，迄今为止的国有企业效率争论都不同程度地忽视了国有企业效率低下对经济增长的拖累，而将更多的关注点放在国有企业本身的效率争论上。本章意图针对国有企业的生存困境(survive predicament)，提出国有企业的"增长拖累"(economic growth cumbrance)这一概念，重新认识国有企业的效率损失，并在此基础上，尝试性地回答近年来争论不断的"国退民进"还是"民退国进"的问题。

虽然对国有企业为什么效率低下的原因多有争议，但是国有企业的效率低下却是一个不争的事实，实证文献证实了这一点(林青松、李实，1996；谢千里、罗斯基、郑玉歆，1995；姚洋，1998；姚洋、章奇，2001；刘小玄，2000；等)。相当一部分的国有企业处在亏损状态，而即使有少数盈利的国有企业，也是由于其特殊的垄断地位。总体的情景是，国有企业处在生存困境之中，不仅自身效率低下，而且需要通过政府的保护和救助才能存活。在一个市场经济体制当中，一个企业的存亡取决于其是否能在市场竞争中获胜，优胜劣汰的市场竞争法则将迫使企业不断创新，以维持生存并获取利润。而国有企业却可以依赖另外两条途径(林毅夫、李志赟，2004)：一是依靠政府补贴来救助亏损的国有企业，这也就是Kornai(1986)提出的"软预算约束"(soft budget constraint, SBC)现象；二是维护国有企业的垄断地位，限制市场进入，以获取垄断利润。林毅夫和李志赟(2004)进一步指出，从一种更广义的概念来讲，维护国企的垄断地位实际也是一种补贴，是以损失社会效率为代价，向国有企业提供的一种隐性补贴。这种补贴的形式大体有三类(樊纲，2000)：一是财政支出的企业亏损补贴；二是国有企业向银行借钱形成的"坏账"，由于这些坏账的最终买单者是政府或全体人民，所以最终导致“准财政赤字”；三是直接融资情况下发生的“坏股”。这些由非国有部门向国有部门的转移支付构成了事实上的“额外综合赋税”。依据以上观点，在本章中，我们将这两种途径通称为软预算约束，它是亏损的国有企业能够存活的重要支撑。这种软预算约束至少存在以下几种弊端：第一，软预算约束使得国有企业在市场竞争中受到保护，损害市场竞争。第二，软预算约束诱发国有企业的道德风险，一旦预期到软预算约束，国有企业的就会选择一个较低的努力水平，带来效率损失。第三，软预算约束资金来自政府的转移支付，而在国有企业普遍亏损的情况下，转移支付只能来自税收中民营企业的纳税部分，这使得民营企业的积累不足并可能挤出政府公共服务，从而影响其发展。以上三点构成了国有企业效率损失的主要途径。本章的写作思路正是沿着国有企业效率低下和软预算约束的角度展开。本章的边际贡献在于，指出软预算约束下的国有企业不仅自身效率低下，而且构成了对民营企业的拖累，从而拖累了整个国家的经济增长。而这正是传统观点所忽视的。

本章剩余部分的安排如下：第 3.2 节是文献综述，详细述评国有企业的效率争论和软预算约束的认识；第 3.3 节通过发展一个政府、国有企业、民营企业的三部门模型，分析了经济增长过程中国有企业的效率拖累；第 3.4 节利用 1985—2004 年 29 个地区的省级面板数据对以上假说进行初步验证；第 3.5 节是结语。

3.2

文献综述

由于本章关注国有企业本身的效率以及软预算约束带来的进

一步的效率损失，所以本章的文献综述围绕国有企业的效率和生存困境与软预算约束的成因和后果展开。

3.2-1 国有企业的效率与生存困境

关于国有企业的效率，大量的文献对其进行了研究。这些文献所取得的一个共同认识是，相对于其他所有制企业而言，国有企业的效率较为低下，往往是各种所有制中表现最差的。而且改制可以显著提高企业绩效。

从所有制对企业绩效的影响角度出发，刘小玄（2000，2003）两次利用1995年全国工业普查的数据比较发现，在不同的所有制结构中，私营个体企业的效率最高，三资企业其次，股份和集体企业再次，国有企业效率最低。并且，国有产权结构变量对于产业绩效具有明显的负效应，国有企业通常与垄断、缺乏竞争的市场结构密切相关，而可竞争的市场结构与非国有产权或民营产权结构密切相关。夏立军、方轶强（2005）、Xu和Wang（1999）、Sun和Tong（2003）、姚洋（1998）、姚洋、章奇（2001）的研究也表明，国家股或国有股确实对公司绩效产生了负面影响。在比较国有企业与非国有企业的全要素生产率的文献中，也得到了基本一致的认识。林青松、李实（1996）、谢千里、罗斯基、郑玉歆（1995）的实证研究都发现，在多种产权形式的企业中，国有企业的全要素生产率的增长率最低。考察国有企业效率的另外一个重要视角是代理成本，实证研究表明，国有企业的代理成本高昂，是众多所有制中最高的（平新乔等，2003；李寿喜，2007）。

就为什么国有企业会效率低下而言，国内理论界存在三种重要认识。第一种认识被称为“产权论”，认为国有企业的低效根源于国家所有制下引发的一系列委托代理问题和效率损失（张维迎，1999）。第二种认识认为在国家赶超战略实施中国有企业承担了大量政策性负担，从而产生了逆向选择问题和软预算约束，导致效率低下(林毅夫等，1997)。第三种认识从国家和国有企业的隐性契约出发，认为国家不能做到退出该合约关系，从而无法约束国有企业，导致国企选择低效率并迫使国家无法放弃低效的国有企业(张军，1994)。综合而言，这三种理论是互补的，都为理解国有企业低效提供了重要思路，而且，从政策含义上讲，它们导出的基本政策指向是一致的，都是改革国有企业、提高经济绩效、建立公平公正的市场经济体制。从实施结果看，这也得到了实证文献的支持。一些文献考察了企业改制前后效率的对比，基本的结论是企业的改制大大提高了企业效率和盈利能力，降低了代理成本和管理费用，而且在获得这些收益的同时，并没有带来大规模的失业问题和社会成本。总体来说，中国的民营化是富有成效的(白重恩等，2006；郝大明，2006；胡一帆等，2006)。

3.2-2 软预算约束的成因与后果

社会主义经济中的国有企业一旦发生亏损或面临破产，国有企业的经理预期会得到国家财政支持，而国家或政府常常通过追加投资、减税、提供补贴等方式，保证其生存下去。这就是通常所指的软预算约束现象。软预算约束的提出者科尔奈(Kornai，1986)将国家与企业之间的关系类比为一种父子关系，他将软预算约束划分为程度不同的5个等级，指出社会主义经济体制中的“父爱主义”(paternalism)是预算约束软化的重要原因。Dewatripont和Maskin(1995)阐述了这样一个逻辑：在非对称信息下，由于企业拥有项目是否赢利的信息，而银行只能在投资一期后获知此信息，故在企业向银行提出贷款申请时，企业和银行的利益不一致性便会导致出现企业的逆向选择，当银行在一期后发现项目的赢利性时，沉淀成本已经形成。在存在沉淀成本的条件下，银行继续投资的边际收益大于废弃该项目的边际成本,当银行被迫向坏项目继续投资时,软预算约束便产生了。简言之,预算约束软化是时间动态非一致性下银企信息不对称的一个博弈结果。林毅夫及其合作者(Lin and Tan, 1999;林毅夫、李志赟,2004;林毅夫、刘明兴、章奇,2004)提出了"政策性负担假说"。他们指出,由于社会主义国家、转型经济和部分发展中国家的企业承担着大量的战略性和社会性政策负担,故与那些没有负担的企业相比处于不利的地位,不具有自生能力。在信息不对称的情况下,政策性负担和政策性亏损有可能加重企业经营者的道德风险问题,导致更多的企业亏损和补贴,而这构成了软预算约束的源泉。Shleifer 和 Vishny(1994)分析了政治家控制下的软预算约束,认为政治家为获得政治资本希望增加就业水平,而作为对企业雇用过剩员工的补偿,财政补贴就会产生,从而产生软预算约束。钱颖一和罗兰(Qian and Roland, 1998)从经济联邦角度,分析了财政分权和货币集权对软预算约束的形成和硬化的影响。他们的一个基本结论是,财政分权和货币集权有助于预算约束的硬化。出于对官僚体制在经济中的重要作用进行考察的目的,白重恩、王一江(Bai and Wang, 1998)在一个官僚控制和监督的框架下分析了软预算约束的产生,认为资本所有权的集中化,以及随之而来的以政府官员代理人监督资本投向的问题是软预算约束的重要原因。

软预算约束带来了大量的效率损失。其诱发了地方政府和国有企业的道德风险,导致国有企业的低效率和创新不足,还使得短缺经济持续进行(Qian, 1994;林毅夫、李志赟,2004;柳建华,2006)。此外,软预算约束还是过高的银行呆坏账、风险资产组合和金融危机的重要根源(Huang and Xu, 1999)。虽然随着改革的进展,软预算约束的症结不断得到遏制,但正如郑江淮(2001)指出的那样，国有银行对国有企业软预算约束的体制根源没有改变，国有银行既没有更大的动力监督国有企业贷款使用，也没有能力阻止国有企业不良贷款继续攀升和停止增加对国有企业贷款。软预算约束依然是国民经济运行过程中的一大顽疾。

3.3

模型

本章的建模思路受到企业救助模型的启发①，但本章对企业救助模型作了如下拓展：第一，我们考虑的经济是一个囊括民营企业、国有企业和政府的三部门模型，这更接近于现实状况；第二，在我们的模型中，民营企业和国有企业被赋予不同的效率参数，从而可以观察到效率参数的变化如何影响经济运行；第三，我们特别强调政府在经济过程中的作用，因此，在模型中政府不仅可以向企业强制性征税，而且可以将税收配置在自身消费、公共服务和转移支付三种用途上，通过将政府公共服务包含在企业生产函数中，我们将这三个参数与经济效率联系起来，来观测政府行为对经济的影响。考虑这样一个经济，经济中有一个民营企业部门 P(private enterprise)、一个国有企业部门 S(state-owned enterprise)和一个政府部门 G(government)。社会总产出 Y 是民营企业 y_p 和国有企业产出 y_s 的加总，即 $Y = y_p + y_s$。政府向企业征税，为简化起见，我们假定税收由政府一次性确定一个外生给定的税收总额

① 对该类模型的一个概要介绍可参见李小宁(2005)。

T①,其中,民营企业上交税收部分为 T_p,国有企业上交税收部分为 T_s, $T = T_p + T_s$。我们假定税收可以配置于三种用途,一是公共服务,二是自身消费,三是补贴国有企业。②税收中用于公共服务的比例为 δ,用于政府自身消费的比例为 τ,用于向亏损的国有企业转移支付的比例为 υ,政府追求平衡预算:$\delta+\tau+\upsilon=1$。政府

① 从地方税收的实际操作上说,这一假设恰恰在一定程度上反映了中国税收的真实情况。众所周知,中国的税制在过去的 30 年里历经了多次变革。虽然每次变革后地方政府的税收规则、税收动力都有所不同,但是我们知道,收税的过程中存在着税收成本过高、企业漏报瞒报等问题,导致了税收中的"滴、损、漏、失"。因而,要想做到完全的税收是不可能的,由此,地方税收中普遍采取一种"包死基数,逐年递增"的方式,税务部门每年都会下达一个预定的税收计划,这一计划逐级下批,最后甚至落实到每一位税收人员头上,即税务人员每年都需要"完成一定的被分配的税收额度"。同时,由于税收部门的"棘轮效应",每年税务部门都不敢过度地超额完成任务,因为一方面,本年超额完成的税收来自地方企业,企业积累不足会导致下一期税收不足,另一方面,本期税收过高会使上级部门在下一期制定一个更高的税收计划,对下级税收部门本身是不利的。这样,有了上下两种限制,现实中的情况非常接近于一次性税收总额情况。当然,现实情况要复杂得多,这里只是一个简化。

② 之所以考虑这三种用途,是基于如下理由:第一,提供公共服务是政府的职能所在,也是其进行强制征税的法律基础。这里的公共服务包括各类社会基本制度保障的提供、基础设施、政府服务效率等。第二,政府运作并不是无成本的,和企业一样要为政府人员提供薪金、各种福利待遇,这些政府的自身消费部分也来自于税收。第三,作为转型经济国家,中国的国有企业可能承担大量的政策性负担,比如雇用过多的员工以解决失业问题、承担部分的社会福利和保障功能等(林毅夫等,1997),作为补偿,政府就要对国有企业进行补贴。正如前文所述,它们通过各种形式构成了国家的综合负债,最后要通过税收来支付。因此,我们在本模型中着重考察这三类税收配置对经济效率的影响。

提供的公共服务为 $f(\delta T)$，并且，$f'(\delta T)>0$ 和 $f''(\delta T)<0$，即公共服务的产出随着公共服务投入的增加而增加，但增加的速度是递减的。进一步，假定国有企业和民营企业部门的单位努力成本函数为二次型：$C_{e_i}=\frac{b}{2}e_i^2$，$i=p,s$，b 是一个努力成本系数。

假定企业部门的生产函数分别为：

$$y_p = A_p e_p f(\delta T) + \varepsilon_p \tag{3.1}$$

$$y_s = A_s e_s f(\delta T) + \varepsilon_s \tag{3.2}$$

其中，y_s 和 y_p 分别表示国有企业和民营企业的单位努力产量；ε_p 和 ε_s 为随机因素，服从均值为零，方差为 σ^2 的独立同分布。e_p 和 e_s 分别代表国有企业和民营企业的努力程度。A_p 和 A_s 是不同所有制的效率参数①。

在以上假定下，我们考察企业的行为。

3.3-1 基准情况：无软预算约束

首先，考虑民营企业的实际收入 v_p，

$$v_p = y_p - T_p = A_p e_p f(\delta T) - T_p + \varepsilon_p \tag{3.3}$$

因为 $E(\varepsilon_p)=0$，所以，

$$E(u_p) = A_p e_p f(\delta T) - T_p - \frac{b}{2}e_p^2 \tag{3.4}$$

求一阶条件，可得：

---

① 我们假定 $A_p>A_s$，正如我们在文献综述里所看到的，这一假定得到了实证文献的支撑。

$$e_p = \frac{A_p f(\delta T)}{b} \tag{3.5}$$

同理,我们也可以得出国有企业的最优努力程度为:

$$e_s = \frac{A_s f(\delta T)}{b} \tag{3.6}$$

进一步地,我们有:

$$\frac{\partial e_i}{\partial A_i} > 0;\ \frac{\partial e_i}{\partial f(\delta T)} > 0;\ \frac{\partial e_i}{\partial b} < 0;\ i = p,\ s \tag{3.7}$$

根据以上讨论,我们可以得到命题一:

命题 3.1 国有企业和民营企业的努力程度取决于所有制效率参数、政府公共服务和努力成本。所有制效率参数和政府公共服务的提高将提高企业的努力程度,而努力成本的提高将降低企业的努力程度。

我们接下来考察软预算约束下企业的努力,对国有企业的考察我们发现,软预算约束降低了国有企业的努力程度。

3.3-2 扩展情形 1:存在软预算约束但并不挤出公共服务

由于存在软预算约束,当国有企业处于生存困境时,亦即当国有企业的产出低于某一固定值 u 时,政府将对国有企业进行补贴。u 是国有企业的保留收入。我们先考虑该补贴并未超过政府专门用于对国有企业亏损补贴的份额 γT 的情形。此时,国有企业的收入可以表示为:

$$v_s = \begin{cases} A_s e_s f(\delta T) - T_s + \varepsilon_s,\ A_s e_s f(\delta T) - T_s + \varepsilon_s \geqslant u \\ u,\ A_s e_s f(\delta T) - T_s + \varepsilon_s < u \end{cases} \tag{3.8}$$

软约束程度为 u 与 $A_s e_s f(\delta T) - T_s + \varepsilon_s$ 之差，国有企业的保留收入 u 越高，软预算约束程度越高。

此时，国有企业的效用为，

$$u_s = v_s - \frac{b}{2} e_s^2 \tag{3.9}$$

因为

$$A_s e_s f(\delta T) - T_s + \varepsilon_s \geqslant u \tag{3.10}$$

所以，

$$\varepsilon_s \geqslant u - A_s e_s f(\delta T) + T_s \tag{3.11}$$

则有，

$$\begin{aligned} E(u_s) &= \int_{-\infty}^{+\infty} v_s f(\varepsilon_s) d\varepsilon_s - \frac{b}{2} e_s^2 \\ &= \int_{u - A_s e_s f(\delta T) + T_s}^{+\infty} (A_s e_s f(\delta T) - T_s + \varepsilon_s) f(\varepsilon_s) d\varepsilon_s \\ &\quad + u \int_{-\infty}^{u - A_s e_s f(\delta T) + T_s} f(\varepsilon_s) d\varepsilon_s - \frac{b}{2} e_s^2 \end{aligned} \tag{3.12}$$

求一阶条件并化解，可得：

$$e_s^* = \frac{A_s f(\delta T)}{b} \int_{u - A_s e_s f(\delta T) + T_s}^{+\infty} f(\varepsilon_s) d\varepsilon_s \tag{3.13}$$

根据概率密度性质，$\int_{u - A_s e_s f(\delta T) + T_s}^{+\infty} f(\varepsilon_s) d\varepsilon_s < 1$，

$$e_s^* < \frac{A_s f(\delta T)}{b} \tag{3.14}$$

故上式表明，软预算约束下国有企业的最优努力程度要低于无软预算约束时的努力程度。

我们进一步考察软预算约束的程度和努力程度之间的关系，可以求得 $\frac{de_s}{du}<0$。这意味着软约束程度的增加将导致努力程度的减弱。因此，我们可以立即得到：

命题 3.2 软预算约束情形下，国有企业会产生道德风险，国有企业的努力程度会降低；软预算约束的程度越大，道德风险越严重，努力程度越低。

除了带来国有企业的道德风险外，软预算约束也会带来民营企业的效率损失。而且，从现实来看，政府作为国有经济部门，其自身消费比例如果不受约束，也会给经济效率带来损失。我们考虑国有企业亏损补贴和政府自身消费对税收和公共服务挤出的情形。

3.3-3 扩展情形 2：软预算约束对税收和公共服务的挤出

软预算约束的程度有时如此之大，补贴会超过政府专门用于对国有企业亏损补贴的份额 γT 的情形。这时，软预算约束在我们的模型中会通过两种途径对经济效率产生影响，一是政府通过减免国有企业税收的方式补贴国有企业；二是通过提高用于补贴的比例 γ。

我们先来考虑政府通过减免国有企业应付税收的方式补贴国有企业的情况，假定减免后国有企业的应付税收降为 T_s^*，$0\leqslant T_s^*<T_s$，为简化起见，我们假定此时政府可以采取两种措施来应对。第一，政府可以通过增加民营企业的税负水平以弥补总税收；第二，政府也可以不采取该种措施使总税收水平下降。

措施 1：政府通过增加民营企业的税负水平弥补总税收。相应地,民营企业税负变为 T_p^*, $T_p^* = T_p + T_s - T_s^* \geqslant T_p$,总税收保持不变。根据基准情况的讨论,此时国有企业和民营企业的努力水平不会改变,但是民营企业的实际收入会由 $v_p = y_p - T_p$ 下降到 $v_p^* = y_p - T_p^*$, $v_p^* < v_p$。在实际收入压缩的情况下,民营企业的积累和发展就会相应受到抑制。此时,国有企业对民营企业的拖累部分可以表达为 $v_p - v_p^*$。

措施 2:政府维持民营企业税负水平不变。此时有 $T_p^* = T_p$,总税负水平下降, $T^* < T$。由于公共服务水平依赖于总税收 T,此时,会挤出公共服务, $f(\delta T^*) < f(\delta T)$,国有企业和民营企业的产出水平都会下降,$y_s^* < y_s$, $y_p^* < y_p$,总产出下降,$Y^* < Y$。国有企业和民营企业的积累都会受到抑制。另外,根据基准情形的讨论,我们知道企业的努力水平和公共服务呈正相关关系,因此,总税收的下降也将导致企业努力水平的下降。国有企业对民营企业和整体经济形成的拖累分别为 $y_p - y_p^*$ 和 $Y - Y^*$。

我们接下来考察政府通过提高用于补贴的比例 γ 来补贴国有企业的情况。利用前面的式(3.7)容易得知:

$$\frac{\partial e_i}{\partial f(\delta T)} > 0,\text{并且 } f'(\delta T) > 0,\text{所以,}\frac{\partial e_i}{\partial \delta} > 0 \quad (3.15)$$

又由于 $\delta = 1 - \tau - \upsilon$,可知,

$$\frac{\partial e_i}{\partial \tau} < 0,\ \frac{\partial e_i}{\partial \upsilon} < 0 \quad (3.16)$$

进一步,

$$\frac{\partial^2 e_i}{\partial A_i \partial \delta} > 0,\ \frac{\partial^2 e_i}{\partial A_i \partial \tau} < 0,\ \frac{\partial^2 e_i}{\partial A_i \partial \upsilon} < 0 \quad (3.17)$$

当政府通过提高用于对国有企业的补贴比例 γ 时,必然挤占政府用于公共服务和政府自身消费的比例,一般而言,政府自身

消费存在刚性,因此,只能挤出公共服务。如果政府消费部分的约束也是软的,那么,政府公共服务比例δ会遭到政府自身消费比例τ和国有企业亏损补贴比例υ的同时挤压。此时,政府公共服务比例δ下降,这使得$f(\delta T)$下降。并且,很容易知道效率参数A_i越高,δ下降引起的效率损失越严重。总结如上讨论,可以得到:

命题 3.3 在软预算约束下,国有企业亏损和政府自身消费由于不能得到有效约束,会对税收和公共服务产生挤出,降低企业实际收入和努力水平,从而使得经济效率受损。并且,所有制效率参数越高,公共服务挤出所带来的效率拖累越大。软预算约束下的国有经济拖累了经济增长。

以上三个命题的经济含义是重要而鲜明的,它告诉我们,在国有企业效率相对低下和政府对国有企业存在软预算约束的双重条件下,国有企业不仅会因为自身效率对经济增长进行阻碍,而且会通过道德风险和软预算约束的形式拖累民营企业的发展,让整个国民经济的发展受到损害。根据如上讨论,我们可以提出两个可检验的假说:

假说 3.1 国有经济比重越高的地区,整体经济增长速度越慢。

假说 3.2 国有经济比重越高的地区,民营经济增长速度越慢。

其中,假说 3.1 的提出是为了验证有关国有企业双重效率损失对国民经济拖累这一论断;假说 3.2 的提出是为了验证国有企业效率损失会拖累民营经济增长的思想。第 3.4 节中,我们将对这两个假说进行验证。

3.4

实证检验

本章选取1985年至2004年中国内地29个省级(直辖市、自治区)的①非平衡面板数据对前文逻辑加以验证。沿着前文的理论思路,我们重点检验"国有经济是否拖累了经济增长速度"这一假说。因此,我们通过观测国有经济比重对地区经济增长率的作用来检验这一假说;由于地区经济增长率还受到其他经济变量的作用,我们将这些变量作为控制变量引入。所有数据和变量定义在以表3.1中交代。

3.4-1 数据和变量定义

为了度量地区经济增长,我们选择了"地区gdp增长率"(Reg-dp)和"地区人均gdp增长率"(Pergdp)来分别对之加以测度。民营经济增长速度用"地区非国有经济增长率"(Nsoer)加以度量。我们的核心解释变量是地区国有经济比重,依照文献的普遍做法,我们选取"国有经济比重"(Soe)作为代理变量,为测度该指标的稳健性,我们还计算了"国有职工比重"(Soe2)来作为替代性度量指标;如果假说成立,则其符号显著为负。在控制变量中,我们控制了一系列变量,其中"政府作用"(Gov)指标用以控制政府对经济的干预程度,由于统计年鉴中政府消费部分既包含公共服务支出,又包含了其他政府消费,无法有效分解,因此,这一指标的效应有正有负,其符号不能确定,但是根据一些理论和实证文献,过多的政府

① 由于重庆和西藏部分数据严重缺失,我们未考虑这两个地区。

表 3.1 数据和变量定义

变量性质	变量名称	变量含义	计算方法
被解释变量	*Regdp*	地区 gdp 增长率	(地区国内生产总值指数－100)/100
	Pergdp	地区人均 gdp 增长率	(地区人均国内生产总值指数－100)/100
	Nsoer	地区非国有经济增长率	(地区当年非国有经济固定资产投资额/地区上年非国有经济固定资产投资额)－1
核心解释变量	*Soe*	国有经济比重	地区国有经济固定资产投资额/地区经济固定资产投资额
	Soe2	国有职工比重	地区国有单位职工人数/地区职工总人数
控制变量	*Gov*	政府作用	地区政府消费额/地区国内生产总值
	Ubr	城市化率	地区非农人口数/地区总人口数
	Far	投资增长率	(地区当年经济固定资产投资额/地区上年经济固定资产投资额)－1
	Edu	教育水平	地区普通高等学校在校人数/地区总人口
	Fdi	外商直接投资水平	地区实际利用外商直接投资/地区国内生产总值
	Gdp	宏观经济波动指数	(全国国内生产总值指数－100)/100
	Open	开放程度	地区进出口总额/地区国内生产总值

注:所有数据都来源于《新中国五十五年统计资料汇编》、《新中国五十年统计资料汇编》和各年统计年鉴。地区实际利用外商投资数额和地区进出口总额的原始数据单位为美元,我们通过各年中间汇率进行了相应换算。所有变量因为进行了相应换算,都是无量纲的。预期符号中“－”代表效应为负,“＋”代表效应为正,“?”代表效应不确定。

干预会对经济增长产生负面影响。中国的经济增长过程伴随着城市化过程,因此选取“城市化率”(Ubr)用来控制城市化对经济增长的作用。投资对经济增长具有巨大的促进作用,因此,选取“投资增长率”(Far)控制投资的作用。宏观经济形势也会影响当年地区经济增长，因此选取“宏观经济波动指数”(Gdp)作为对宏观经济形势的控制。考虑到教育和人力资本的重要性，也选取“教育水平”(Edu)作为对教育的控制变量。在对外开放方面，根据文献的普遍做法，选取“外商直接投资率”(Fdi)和“开放程度”(Open)作为控制变量。我们在表 3.1 中详细列出了这些变量的计算方法和数据来源。

3.4-2 方法

本章运用省级面板数据固定效应(FE)—随机效应(RE)分析法来研究国有经济对地区经济增长的影响，考察国有经济对经济增长的拖累效应。为此，我们重点考察解释变量国有经济比重 *Soe* 对被解释变量 *Regdp*、*Pergdp* 和 *Nsoer* 的影响，观测结果是否和预测一致。

我们提出如下的实证模型：

$$Y_{it} = C + \beta_1 \cdot Soe_{it} + \sum_j \alpha_j \cdot Control + \alpha_i + \mu_{it} \quad (3.18)$$

其中，Y 是被解释变量，在不同的回归方程中分别代表 *Regdp*、*Pergdp* 和 *Nsoer*，下标 i 和 t($t=1985, 1986, \cdots, 2004$)分别代表第 i 个省份和第 t 年，*Control* 是一系列控制变量，α_i 表示选取固定效应模型时各地区有一个不随时间变化的效应，μ 是残差项。

3.4-3 计量结果

利用 stata11.0，我们对上述模型进行回归，计量结果显示在表 3.2 中。

观察表 3.2 中(1)至(3)式的计量结果，我们发现，国有经济比重指标 *Soe* 的系数均在 1%的显著性水平上显著为负。而且对不同的模型进行估计时，这一数值基本上保持一致，这说明解释变量

表 3.2　计量结果(1985—2004 年)

被解释变量	*Regdp*			*Nsoer*		
解释变量	(1)	(2)	(3)	(4)	(5)	(6)
Soe	−0.059 8***	−0.061 6***	−0.062 5***	−0.501 8***	−0.572 9***	−0.647 1***
	(−3.888)	(−6.105)	(−6.087)	(−6.315)	(−6.374)	(−6.894)
Gov	−0.109 8**	−0.086 4**	−0.064 7	−0.065 8	−0.407 7	−0.118 3
	(−2.031)	(−2.084)	(−1.480)	(−0.235)	(−1.278)	(−0.359)
Fdi	0.419 1***	0.401 1***	0.408 8***	0.389 8	0.254 1	0.142 7
	(7.560)	(7.397)	(7.688)	(1.359)	(0.836)	(0.397)
Gdp	0.300 9***	0.288 0***	0.289 6***	1.260 7***	1.433 5***	1.487 3***
	(4.261)	(4.065)	(4.058)	(3.455)	(3.687)	(3.790)
Far	0.048 3***	0.052 6***	0.050 2***	1.039 0***	1.032 3***	1.034 4***
	(4.460)	(4.851)	(4.603)	(18.573)	(17.394)	(17.320)
Ubr			0.004 7		−0.045 5	−0.123 8
			(0.577)		(−0.419)	(−1.107)
Edu		0.043 1	0.068 1			−4.748 9***
		(0.252)	(0.397)			(−3.045)
Open		−0.013 1*	−0.014 1*			−0.092 8
		(−1.653)	(−1.689)			(−1.359)
常数项	0.093 7***	0.094 1***	0.088 0***	0.228 8***	0.332 2***	0.547 3***
	(6.373)	(10.353)	(8.777)	(3.011)	(3.173)	(4.463)

续表

被解释变量	Regdp			Nsoer		
解释变量	(1)	(2)	(3)	(4)	(5)	(6)
R^2(within)	0.299 9	0.307 0	0.325 6	0.611 4	0.609 2	0.612 9
F 检验值	45.23			165.22	121.33	89.86
Wald 检验 p 值		0.000 0	0.000 0			
Hausman 检验值(P 值)	12.57 (0.027 8)	9.69 (0.206 6)	10.01 (0.264 3)	20.36 (0.001 1)	23.54 (0.000 1)	44.83 (0.000 0)
观测值	562	551	493	559	502	491
组数	29	29	29	29	29	29
备注	FE	RE	RE	FE	FE	FE

注:(1)括号中的数字为 t 值;(2) *,**,*** 分别表示显著性水平为 10%,5%和 1%;(3)*Pergdp* 用作被解释变量的结果与此类似,为简化起见,这里未报告该结果;(4)用国有职工比重 *Soe2* 代替国有经济比重 *Soe* 作稳健性检验,结果类似,为简化起见,这里未报告该结果;(5)考虑到 1994 年分税制改革可能对结果产生影响,我们将面板数据分为 1985—1994 年和 1995—2004 年两个时段进行稳健性检验,结果类似,为简化起见,这里未报告该结果;(6)FE 估计的 Hausman 检验的零假说是 FE 与 RE 估计系数无系统性差异。

Soe 对被解释变量的解释力度具有很好的稳定性。国有经济比重对经济增长具有显著的负效应。另外可以发现的是，政府消费比重对地区经济增长率产生显著的负效应，控制不同的变量后，这一数值变化较大，但是均可以发现，过高的政府消费比重对经济增长是不利的。*Fdi* 对经济增长率具有非常显著的正效应，且均在 1% 的显著性水平上显著。而宏观经济波动指数 *Gdp* 的计量结果显示，地区经济增长与全国经济经济增长具有很强的同步性。城市化率 *Ubr* 对经济增长率也有着积极作用，但在可接受的水平上并不显著。在我们的回归中，教育的作用不能确定，这可能和教育的性质有关，教育是影响长期经济绩效的变量，短期内的效应并不明显。开放程度的作用也不能确定。我们利用地区人均国内生产总值增长率 *Pergdp* 作为被解释变量回归的结果与 *Regdp* 类似，用国有职工比重 *Soe2* 代替国有经济比重 *Soe* 作稳健性检验，结果类似，因此，并未报告。表 3.2 中(4)至(6)式是对非国有经济增长率 *Nsoer* 的回归结果，与对整体经济增长率的回归结果类似，国有经济比重指标 *Soe* 的系数均在 1%的显著性水平上显著为负。国有经济比重对非国有经济增长具有显著的负效应。另外可以发现的是，政府消费比重与非国有经济增长率负相关，控制不同的变量组合后，这一数值变化较大，但是均在可接受的显著性水平上不显著。*Fdi* 和 *Gdp* 对地区经济增长率的作用显著为正，表明外商直接投资和全国宏观经济波动对地区非国有经济具有积极作用。*Ubr* 和 *Open* 的系数虽然并不符合预期，但在可接受的水平上并不显著。*Edu* 的符号为负的理由如前，教育的作用可能在短期内无法显现。虽然控制变量对地区经济增长的作用机制尚不明朗，但是各个模型都显示，就我们关心的国有经济对地区经济增长是否具有不良影响这一问题而言，上述计量结果很好地对我们的假说进行了验证。由于转型经济的特殊性，一些大的制度变迁有可能

会对其中的作用机制和结果产生影响，在我们所选取的时段内，1994 年进行的分税制改革就是这样一项变革，因此，我们将面板数据分为 1985—1994 年和 1995—2004 年两个时段进行稳健性检验，结果类似，为简化起见，这里未报告该结果。就我们模型考察的核心解释变量 *Soe* 而言，其结果不依赖于控制变量的改变而改变，我们曾控制了不同的变量组合，结果发现，*Soe* 不仅都在 1%的显著性水平上为负，而且数值基本维持不变，因此其结果是稳健的。从这些计量结果看，省级面板数据的实证检验支持了我们的理论假说。

3.5

结语

国有企业效率的争论纷繁复杂，然而就国有企业效率低下对经济增长的拖累这一问题而言，学界研究得不够，本章从国有企业软预算约束入手，分析了国有企业对增长拖累的机制。研究表明，国有企业不仅本身存在效率损失，而且由于软预算约束的存在，其拖累了民营企业的发展进度，从而对整个经济体构成“增长拖累”。利用 1985—2004 年中国 29 个省（自治区、直辖市）的面板数据对这一假说进行了初步验证，结果支持了前述理论。这为回答近年来争论不断的“国退民进”还是“民退国进”的问题提供了依据。根据我们的研究，在国有企业效率低下的前提下，坚定不移地进行国企改革是一条必然之路。

但是国有企业改革的过程可能会面临一些质疑和批评。对国有企业改革的可能疑问和批评来自以下几个方面。第一种批评是国有企业改革可能导致国有资产的大量流失，虽然这种观点体现了一定的合理性，但这种观点并没有注意到国有资产运作过程中导致的国有资产流失，如果考虑到国有资产运作过程中导致的国有资产流失，人们就会发现国有企业改革的必要性（白永秀、严汉平，2005）。第二种批评是国有企业改革会导致大量的裁员和减薪，这可能带来社会的不稳定，影响经济发展。但是实证文献的结果有力的反驳了这种观点。黄玲文、姚洋（2007）通过对 11 个城市 386 家企业从 1995 年到 2001 年的面板数据的研究，评估了企业改制对就业的影响。结果显示，和一般印象相反，改制显著地减缓了就业的下降趋势。而且，改制对企业的就业增长有持续的和递增的积极作用。Megginson 等（1994）发现，民营化公司在净收入、产出、盈利能力、运营效率、员工人均销售收入、资产规模、红利支付等方面都得到了显著的提高，而财务杠杆显著下降，且没有发现民营化导致就业下降的证据。第三种批评是国有企业改革可能导致国家对价格的控制不力，但是这种观点并没有看到，国家对价格的控制正是中国经济改革中价格扭曲使得资源不能得到合理配置的重要源泉。第四种批评是国有企业以逃税为目的而隐瞒利润的动机比私有企业弱。实证研究（白重恩、路江涌、陶志刚，2006）发现，改制后企业产品的价格水平略有下降，企业上缴的税收金额较改制前没有明显变化。

我们对于国有企业改革进程的担心主要来自地方政府的既得利益团体。因为在地方政府为什么会放弃国有企业的产权的问题上，更多的考虑是来自财政收入，经济效率只是作为间接因素考虑，政府对失业和降低控制权收益（来自对国有企业直接的控制权）的担心是国有企业民营化或破产清算的重大障碍（王红领、李稻葵、雷鼎鸣，2001；姚洋，1998；等）。正如平新乔（2004）所指出的那样，由于背后存在巨大的物质利益，地方政府对国有资产的控制和产业实施控制与保护，这对资本市场、劳动力市场与商品市场等要素市场的效率造成了损害。因此，从这个意义上讲，我们的一个重要推断是，进一步的产权改革是国企改革的必要条件。

金融压抑、所有制歧视与增长拖累：机制Ⅱ*

4.1 引言

本章从中国转型经济中的金融压抑和所有制歧视的角度重新考察国有企业的效率损失。中国经济中的金融发展集中表现出两

* 本章主要内容以“金融压抑、所有制歧视与增长拖累：国有企业效率损失的再考察”为题发表于《经济学季刊》2011 年第 10 卷第 2 期。

个相互关联的特征。第一,金融发展被抑制,总体来讲,经济表现出非常强烈的"金融压抑"(financial repression)形态,这不仅表现在官方利率长期远远低于市场利率,而且表现在国有银行的垄断地位和门槛准入方面。第二,作为经济增长推动力的民营经济在金融信贷方面却面临着种种歧视。一项相关研究(卢峰、姚洋,2004)指出,虽然非国有部门对中国 GDP 的贡献超过了 70%,但是它在过去十几年里获得的银行正式贷款却不到 20%,其余的 80%以上都流向了国有部门。令人感到诧异的是,这一明显违背经济规律的现象在过去的几十年里一直被维持,而且至今尚无明显改善,其背后的效率损失可想而知。这种严重损害效率的现象之所以能够被长期维持和中国庞大的国有经济规模密切相关。正是为了维持大量无效率的国有企业能够继续生存,国家才不得不采取了金融压抑和所有制歧视政策。这些政策的实施至少在三个方面危害经济发展:第一,在偏向性的金融压抑和所有制歧视政策下,国有企业必然产生对政府的依赖效应和道德风险,效率低下;第二,在国有企业效率低下、无法还贷的情况下,金融部门产生了庞大的呆坏账,构成巨大的金融风险和政府负担;第三,在金融压抑和所有制歧视政策下,民营企业的借贷受到严重约束,企业无法建立,规模无法扩大,或者不得不求助于民间高利贷,使效率受损。这些现象有着重要的理论和现实意义,然而,当我们重新整理相关文献时发现,虽然有关国有企业效率损失和金融压抑、歧视的文献都较为丰富,但现有文献并未能够搭建国有企业效率损失与金融压抑和所有制歧视之间的桥梁,从而在理论的完整性上和政策的可行性指导上都缺失了关键的一环。

本章意图从金融压抑和所有制歧视的角度分析国有企业对经济发展的拖累效应。本章所发展的观点是,在经济转型过程中,庞大的国有经济不仅因为自身的效率损失影响了经济增长,而且通过金融压抑、歧视和效率误配的途径损害了民营经济的成长，最终对整个国民经济产生拖累效应。我们同时指出，这种拖累效应之所以没有突出显现，是因为金融漏损和民间金融的成长构成了中国经济高速成长的重要因素，从而使得拖累效应得到了一定程度的掩盖。利用 1985—2004 年中国的省级面板数据，本章初步证实了这一逻辑。不同于传统文献，本章认识到，由于金融压抑和所有制歧视的根源在于庞大的国有经济拖累，因此，当金融体系逐渐成为地区经济发展的掣肘和地区差距的重要源泉时，进一步转变政府职能、放松金融管制、实行国企改革对经济增长是十分必要的。

本章剩余部分安排如下：第 4.2 节综述相关文献，并为后文分析奠定理论框架；第 4.3 节发展一个包含政府、银行、企业的三部门模型，分析金融压抑和所有制歧视如何使得国有经济拖累了经济增长；第 4.4 节是初步的经验验证，利用相关资料对文章假说进行验证；第 4.5 节是结语。

4.2

文献综述与理论框架

在现代经济发展过程中，金融逐渐扮演着越来越重要的角色。金融深化不仅能通过资本积累和技术进步促进经济增长(Levine, 1997)，而且能增加资源流动性，减少金融投资的交易成本，提高金融资源的配置效率和回报率(King and Levine, 1993; Beck, et al., 2000; Merton and Bodie, 1995; Greenwood and Smith, 1997)。从国际经验来看，大量实证文献表明，金融发展和经济增长之间呈现出显著的正相关关系(Goldsmith, 1969; King and Levine, 1993; Levine, 1997; Levine and Zervos, 1998; Levine, et al., 2000; Rajan and Zingales, 1998; etc.);拥有发达金融系统的国家经济增长较快,反之,经济增长较快的国家金融系统通常也比较发达。就中国的实际情况而言,金融发展对经济增长的作用也已经被大量文献所证实。例如,周立、王子鸣(2002)实证研究发现,中国各地区金融发展与经济增长存在强相关,初始金融条件对长期经济发展有影响,金融市场化与经济增长的相关性也十分显著。王志强、孙刚(2003)从规模、结构、效率三方面考察金融发展与经济增长的关系,通过协整关系检验显示三者均与经济增长密切相关,格兰杰因果关系检验表明这三个指标与经济增长存在双向因果关系。张军和金煜(2005)也发现,金融深化和生产率增长之间的关系显著为正,并且这一发现同时解释了中国地区差距的扩大趋势。

虽然金融发展对经济增长具有强大的推动作用,但是在发展中国家,政府往往人为地规定过低的存贷款利率,垄断国有银行。由此导致贷款的过度需求和信贷配额,使得金融体系处于受压抑的状态,资本不能得到有效配置。根据麦金农(McKinnon, 1973)和肖(Shaw, 1973)及其追随者们的认识,“金融压抑”是指政府通过一系列行政手段来管制金融业的现象,如规定利率的上限、限制信贷发放的规模、定向分配低息贷款、约束金融机构的业务范围,等等。卢峰和姚洋(2004)指出,金融压抑也是中国银行体系的主要特征之一,这不仅表现为在早期的计划经济年代中,低利率体系就被用来向重工业优先发展战略提供低成本的资金,而且在实行改革开放政策以来,金融压抑依然存在,官方利率一直比非正式信贷市场的利率低。根据文献的认识,金融压抑对于经济增长有着负面的影响。例如,King 和 Levine(1993)在一个内生金融增长模型中对金融抑制造成的经济后果进行了描述，认为金融部门征收的税收提高了企业融资成本，降低了企业收益率，从而使得均衡的经济增长率降低。Roubini 和 Sala-I-Martin(1992)研究发现，为了提高货币收入，政府可能会选择通过压制金融部门的方法提高人均真实货币需求，由此降低金融部门所积聚的资本投入的边际产出，进而使得增长率降低。就我国的实际情况而言，周业安(1999)研究发现，信贷市场上的利率管制、价格和数量歧视通过种种途径浪费了信贷资源，资本市场的行政管制则增加了企业的直接融资成本，损害了投资者利益并弱化企业外部治理机制，对这两类市场的抑制还直接阻碍了非国有经济的发展。

随之而来的一个问题是，既然金融压抑造成了大量的效率损失和对经济增长的阻碍，为什么还要施行金融压抑政策呢？对于这个问题的回答必需诉诸改革的实际情形。研究表明，金融压抑政策能够使得政府通过征收隐性税收的方式获得收益，对金融市场控制和国有企业进行补贴(李广众，2001；Giovannini，et al.，1993)。李广众(2001)估算出，金融压抑给中国政府带来的隐性收益大致为 GDP 的 0.71%以及各项税收收入总和的 6%。自 20 世纪 80 年代以来，随着财政压力和国企改革的推进，政府逐渐将对国有企业的救助手段由直接补贴改为依靠银行信贷。Cull 和 Xu(2003)指出，20 世纪 90 年代政府越来越依靠银行信贷的手段替代直接补贴对国有企业进行救助。鉴于均衡市场利率和金融压抑下的官定利率存在着巨大利差，这实际上构成了政府对国有企业的变相补贴。政府的直接管制和干预扩大了资金的供求差额，国有企业从优惠的银行贷款中得到了大量的利率租金。一些实证文献逐渐开始关注由此带来的租金额度并进行了估算。比如，胡和立(1989)估算出 1988 年由市场利率与官定利率的利差带来的金融租金为 1 138.5 亿元。万安培(1995)按照贷款利差 10%估算得到1992年仅利率租金一项就达到了1 983亿元。周业安(1999)认为,信贷市场上的利率管制和歧视产生了一大块租金市场,诱使金融机构大规模寻租,据其估计,1992年至1997年这6年间大约有25 795.83亿元的资金流向直接非生产性活动,造成资源配置效率严重低下。张杰(1998)的一项研究也表明,1985—1996年间政府给予国有企业的金融补贴占GDP比重平均达9.7%,1993年曾经一度高达18.81%。正如樊纲(2000)所指出的那样,在国有企业道德风险和经营绩效低下的情况下,国有企业向银行借钱形成了大量的"坏账",由于这些坏账的最终买单者是政府或全体人民,所以最终导致"准财政赤字"。政府对国有企业的巨额补贴虽然显著地改善了受益企业的财务报表,但并没有从根本上提高国有企业的效率,大量廉价租金的获取反而使国有企业产生了严重的道德风险和逆向选择问题,国企的经营风险开始向金融领域转嫁,并在国有银行内部形成巨额不良资产(卢文鹏,2002)。

在国家施行金融压抑的同时,信贷过程中的所有制歧视也体现得极为明显:非国有企业很难获得国有垄断银行的贷款。对非国有部门受到银行信贷歧视的原因主要来自三个方面(卢峰和姚洋,2004):第一个是政治原因,在中国的银行业中,国有企业不偿还贷款被认为是可以接受的,但是贷款给私人企业往往被怀疑收受了贿赂。第二个原因是非国有部门的大多数企业是中小型企业,它们先天就比国有企业面临更多的风险。第三个原因是金融监管部门出台的商业银行贷款政策和纪律加重了信贷歧视,从而加重了银行的"惜贷"现象。这些歧视就集中体现在信贷部门进行信贷时总是遵循国家或国有项目优先分配信贷的原则,民营企业融资难,尤其是民营中小企业融资难的问题就成了我国长期存在而又不能得到有效解决的难题。Ge和Qiu(2007)发现,相比于国有企业，非国有企业更多地依赖于商业信用，非正规经济金融渠道是非国有经济发展的重要支撑。Brandt 和 Li(2003)通过一个对银行和企业进行匹配的数据研究表明，中国的私营企业在信贷上面临着所有制歧视，所以不得不借助于更为昂贵的商业信贷。在一项针对上海非国有中小企业的信贷情况的研究中，程海波等(2005)也发现，中国的非国有中小企业面临着严重的信贷约束，中小企业更加依赖关系型贷款。信贷过程中的所有制歧视依然是民营企业头上的“紧箍咒”。

在金融压抑和信贷的所有制歧视条件下，民营企业的发展应当是重重受阻的，其发展规模和速度绝不可能达到目前的水平。这又是为什么呢？答案在于中国的民间用另外一些扭曲的制度和手段对这些效率损失进行了修正。从中国的现实来看，这集中表现为两个方面：第一，金融漏损效应，即信贷资金由国有部门向非国有部门的漏损使得效率得到部分修正；这主要通过三角债的商业信用和国企资产和资金直接转移到私人部门两条渠道来实现(卢峰、姚洋，2004)。第二，非正规金融的存在，使得一部分借贷无门的民营企业可以高息融资，部分扭正了效率。由于广为人知的国有部门和非国有部门之间巨大的效率差异(姚洋，1998；姚洋、章奇，2001；刘小玄，2000，2003；平新乔等，2003；李寿喜，2007；夏立军、方轶强，2005；等)，金融漏损和民间金融的发展导致非国有经济能够快速发展并支撑中国的经济增长。张军和詹宇波(2006)分析指出，在城镇私人企业的发展过程中，政府企业家通过其关系资源为私人企业的发展提供融资，从而有可能使得私人企业得到迅速发展。安强身(2008)进一步指出，由于渐进式转轨经济中我国政府强控制金融与高额储蓄的背景，金融漏损修正了金融初次配置效率，间接支持了体制外经济的成长发展，形成了“反哺效应”，从而构成了一个非正规的经济增长良性循环模式。从一定程度上讲，正是这些“扭曲的制度”部分地“纠正”了改革的绩效。在第4.3节中，我们通过发展一个模型来刻画如上逻辑。

4.3

模型与拓展

考虑这样一个经济，经济中存在一个政府 G(government)、一个民营企业部门 P(private enterprise)、一个国有企业部门 S(state-owned enterprise)和一个信贷部门 B(bank)，其中 B 又由国有银行 B_s 和民营银行 B_p 两个机构组成。社会总产出 Y 是民营企业产出 y_p 和国有企业产出 y_s 的加总，即 $Y = y_p + y_s$。假定企业部门的生产函数分别为：$y_p = A_p k_p$ 和 $y_s = A_s k_s$，其中，y_s 和 y_p 分别表示国有企业和民营企业的产出，k_p 和 k_s 分别代表国有企业和民营企业的资金投入。A_p 和 A_s 是不同所有制的效率参数①。国有企业部门和民营企业部门没有自有资金，所需融资量 k_s 和 k_p 必须都向信贷部门借贷，信贷部门的可贷资金 K 是民营银行和国有银行提供的信贷资金的加总，即 $K = K_p + K_s$。市场的均衡利率为 r，这样资金需求量和资金供给量都成为了 r 的函数，有 $k(r) = K(r)$。企业在标准的利率之外，还需要向金融机构支付一定的额外融资费用，二者共同构成企业借贷资金的实际利率。两类企业的融资能力不同，不失一般性，假定国有企业和民营企业部门的单

① 我们假定，$A_p > A_s$，正如上一节中所看到的，这一假定得到了实证文献的支撑。

位融资成本函数为二次型：$C_{k_i}=\frac{b_i}{2}k_i^2$，$i=p, s$ 且 $b_s<b_p$。其中，b_i 代表融资成本系数，其越小，则融资成本越低，融资能力越强。

在以上假定下，我们考察企业的行为。

4.3-1　基准情况：无金融压抑、无所有制歧视的情形

在无金融压抑、无所有制歧视的情形下，每个企业被假定都能获得所需资金。

首先，考虑民营企业的实际收入 v_p，

$$v_p=A_pk_p-rk_p-\frac{1}{2}b_pk_p^2 \tag{4.1}$$

求一阶条件，可得民营企业的最优融资额：

$$k_p=\frac{A_p-r}{b_p} \tag{4.2}$$

同理，我们也可以得出国有企业的最优融资额为：

$$k_s=\frac{A_s-r}{b_s} \tag{4.3}$$

进一步地，我们有：

$$\frac{\partial k_i}{\partial A_i}>0,\ \frac{\partial k_i}{\partial b_i}<0,\ \frac{\partial k_i}{\partial r}<0,\ i=p,\ s \tag{4.4}$$

由此，我可以得到：

命题 4.1　企业融资需求依赖于企业的效率参数、融资成本和市场利率，其中，企业融资需求随着企业效率参数的上升而上升，随着融资成本和市场利率的水平上升而下降。

4.3-2 拓展情形 1:存在金融压抑与所有制歧视的情形

现实中金融压抑集中表现为两个特征:第一,不允许民间金融的正常活动;第二,低利率政策。我们分别来看两者对经济的影响。

情况 1:我们首先分析政府通过压抑民间金融的手段进行干预时对经济的影响。一种最为常见的手段是限制民间金融的规模。我们假定受限制时民间金融的供给部分变化为 K_p', $K_p' < K_p$。K_p'的大小被用于衡量国有银行的垄断情况,K_p'越大(小),国有银行的垄断力量越小(大),极端地,如果 $K_p' = 0$,则国有银行处于完全垄断地位。由于 $K_p' < K_p$,此时,总资金供给量变化为 K', $K' < K$,相应地,在资金需求总量不变的条件下,利率变为 r', $r' > r$。此时,国有银行的收益上升,即 $K_s r' > K_s r$,这说明对于民间金融的限制有利于维持国有银行的垄断利润。

在如上假定下,企业的期望收入变化为,

$$E(u_i) = A_i k_i - r' k_i - \frac{1}{2} b_i k_i^2 \tag{4.5}$$

求一阶条件,可得企业的最优融资额度为:

$$k_i' = \frac{A_i - r'}{b_i} \tag{4.6}$$

易知 $k_i' < k_i$,进而有 $y_i' < y_i$。可以看出,国有企业和民营企业的产出均下降。并且,结合命题 1 容易推出,国有银行垄断程度越高,K_p'越小,r'越高,企业融资额 k_i 越小,产出 y_i 越小,社会总产出 Y'越小。

根据以上讨论,我们可以得到:

命题 4.2 国有银行的垄断提高了国有银行的垄断收益,但损害了企业的资金融入和产出,造成了社会福利的净损失。国有银行垄断程度越高,利率越高,企业融资额越小,产出越小。

情况 2:考虑政府压低利率的情形。假设利率被规定为 r'', $r'' < r$,信贷需求上升为 k'',信贷供给下降为 K'',这时,产生信贷缺口 $k'' - K''$。资金供给的下降和信贷缺口的产生往往使得信贷配给出现。在中国的转型经济中,金融资源通常是按照"政治主从次序"(political pecking order)来配给的,先给政治地位最高但最无效率的国有企业,然后再给次高的集体企业,最后才是最有效率的私人企业(黄亚生,2005)。这种配置方式已为大量的理论和实证文献所证实。因此,我们假定,在信贷配给的情况下,必须满足了国有企业的信贷需求之后,民营企业才可能获得借贷。此时,国有企业获得的借贷资金为 $k_s''(r'')$,民营企业获得的借贷资金为 $k_p'' = K'' - k_s''$。社会总产出变为 $Y'' = A_p k_p'' + A_s k_s''$,容易证明,$Y'' < Y$。

情况 3:考虑政府既压低利率又垄断金融的情形。根据情况 1 和情况 2 的讨论,假设利率被规定为 r'',总资金供给由 K 变为 K',此时,信贷需求上升为 k''',信贷供给下降为 K''',产生信贷缺口 $k''' - K'''$。企业的借贷缺口变得越大,从而越容易证明这时的社会总产出 $Y''' < Y$,并且 $Y''' < Y'$, Y''。

根据如上讨论,有:

命题 4.3 金融压抑和歧视有利于国有银行的垄断收益和国有企业的生存维持,但是限制了民营企业的发展,进而使得社会总产出下降。

4.3-3 拓展情形 2:存在金融漏损与民间借贷的情形

从以上分析可以看出,金融漏损与民间借贷在很大程度上可使中国经济扭曲的效率得以矫正。以下我们将分析金融漏损与民间借贷对于经济的影响。

情况 1:存在金融漏损的情形。假定资金从国有企业向民营

企业漏损的量为 k^*，由于效率的差异，则此时民营企业产出增加量为 $A_p k^*$，国有企业产出下降 $A_s k^*$，总产出增加 $y^* = A_p k^* - A_s k^* = (A_p - A_s) k^*$，易知国有企业和民营企业的效率差距越大，金融漏损导致总产出的增量越大，金融漏损额度越大，总产出的增量越大。

情况 2：存在民间借贷的情形。此时，民间借贷提供的资金量为 k^{**}，这也代表非正规金融的规模。这一部分资金只能流入民营企业部门，所以假定其仅为民营企业服务，相应的利率为 r^{**}。此时，民营企业的产出增量为 $y_p^{**} = A_p k^{**}$，实际收入增量为 $v_p^{**} = A_p k^{**} - r^{**} k^{**} - \frac{b_p}{2}(k^{**})^2$。

情况 3：同时存在金融漏损和民间借贷的情形。根据情况 1 和情况 2 的讨论，民营企业规模在这种情形下将进一步壮大，社会总产出进一步上升。

由此，可以推出：

命题 4.4　金融漏损和民间借贷有助于削减金融压抑和所有制歧视带来的不良影响，金融漏损程度越大，民间借贷规模越大，社会总产出越高。

以上各个命题所导出的含义清晰而鲜明。金融压抑和歧视有利于国有银行的垄断收益和国有企业的生存维持，但损害了企业的资金融入和产出，限制了民营企业的发展，进而使得社会总产出下降并造成社会福利净损失。面对这种扭曲的制度，金融漏损和民间借贷这些看似非正当的途径通过另外一种“扭曲”修正了效率。

根据如上分析，我们提出两个可检验的假说：

假说 4.1　国有经济比重不利于总体经济增长，并且可能会通过国有银行的垄断程度和金融歧视程度加剧这一效应。

假说 4.2 国有经济比重不利于民营经济增长，并且可能会通过国有银行的垄断程度和金融歧视程度加剧这一效应。

4.4 经验验证

为了验证前文提出的假说，本章选取 1985 年至 2004 年中国内地 29 个省（直辖市、自治区）①的非平衡面板数据对前文逻辑加以验证。沿着前文的理论思路，我们重点检验“国有经济是否通过金融压抑和所有制歧视拖累了经济增长速度”这一假说。由于地区总体经济增长率和非国有经济增长率还受到其他经济变量的影响，故我们将这些变量作为控制变量引入。所有数据和变量定义交代在表 4.1 中。

4.4-1 数据和变量定义

其中，衡量金融压抑和所有制歧视的指标分别为“国有银行垄断程度”和“国有企业贷款比重”。对于国有银行垄断程度的测算，我们用国有四大银行（中国银行、中国建设银行、中国农业银行和中国工商银行）的年末贷款余额加总与全部银行贷款余额的比值来表示，其原始数据均来自历年《中国金融年鉴》。国有企业贷款比重这一指标的测度比较困难，因为在公开的出版物中无法获得按照企业性质细分的信贷配给的分地区数据，这造成了我们的估算困难。针对这一情形，一些文献（Aziz and Duenwald，2002；张军、

① 鉴于数据的可得性，我们未考虑重庆、西藏及港澳台地区。

表 4.1 数据和变量定义

变量性质	变量名称	变量含义	计算方法
被解释变量	*Regdp*	地区 gdp 增长率	(地区国内生产总值指数－100)/100
	Nsoer	地区非国有经济增长率	(地区当年非国有经济固定资产投资额/地区上年非国有经济固定资产投资额)－1
核心解释变量	*Soe*	国有经济比重	地区国有经济固定资产投资额/地区经济固定资产投资额
	Soe2	国有职工比重	地区国有单位职工人数/地区职工总人数
	Soe finmon	国有经济与国有银行垄断程度的交互项	地区国有经济比重×地区国有银行垄断程度
	Soe sloan	国有经济与国有企业贷款比重的交互项	地区国有经济比重×地区国有企业贷款比重
控制变量	*Gov*	政府作用	地区政府消费额/地区国内生产总值
	Ubr	城市化率	地区城镇人口数/地区总人口数
	Far	投资增长率	(地区当年经济固定资产投资额/地区上年经济固定资产投资额)－1
	Edu	教育水平	地区普通高等学校在校人数/地区总人口
	Fdi	外商直接投资水平	地区实际利用外商直接投资/地区国内生产总值
	Gdp	宏观经济波动指数	(全国国内生产总值指数－100)/100

注：所有原始数据都来源于《新中国五十五年统计资料汇编》、《新中国五十年统计资料汇编》、各年《中国经济统计年鉴》、《中国工业经济统计年鉴》和《中国金融年鉴》。地区实际利用外商投资数额的原始数据单位为美元，我们通过各年中间汇率进行了相应换算。所有变量因为进行了相应换算，都是无量纲的。

金煜，2005)考虑到银行国有企业信贷比例与国有企业产出份额的密切关系，运用“残差结构一阶自相关”(AR1)的固定效应(FE)面板数据方法来估计各地区金融中介深度或发展水平。我们也采取这一方法对国有企业贷款比重进行估算:假设全部银行信贷只包括发放给国有企业的信贷和发放给整个非国有部门的信贷,银行分配给国有企业的信贷变动可以用国有企业工业总产值占工业总产值比重变动的固定倍数来表示。由于我国的国有企业资金来源主要是银行信贷,所以国有企业的总产值比重与银行信贷的分配结构的关系应该相对稳定。为了进行这一估算,我们首先从各年《中国工业经济统计年鉴》中采集了各地区"国有工业产值"和"工业总产值"的原始数据,并从各年《中国金融年鉴》中采集了"地区银行信贷总额"和"地区国内生产总值"的原始数据,然后利用各地区 1985—2004 年"国有工业产值/工业总产值"比重数据(*Soepro*)作为解释变量,用相应年度的"地区银行信贷总额/地区生产总值"比重数据(*Loan*)作为被解释变量,采用固定效应模型估计出了各地区银行信贷中给予国有企业和非国有企业的部分,同时采用一阶自回归(AR1)过程来调整误差项中信贷的序列相关问题。分解全部银行信贷与地区总产值比率的方程可以表达如下:

$$Loan_{it} = \alpha + \beta \cdot Soepro_{it} + \eta_i + \mu_{it} \tag{4.7}$$

$$\mu_{it} = \rho\mu_{i,\ t-1} + \delta_{it},\ |\rho| < 1 \tag{4.8}$$

估算得到,变量 *Soepro* 的系数为 0.161 4,t 值在 1%的显著性水平上显著。假定所有地区的系数固定不变,通过简单运算即得到国有企业贷款比重数据。

我们选择了"地区 gdp 增长率"(*Regdp*)和"地区人均 gdp 增长率"(*Pergdp*)来对地区经济增长加以测度。民营经济增长速度用"地区非国有经济增长率"(*Nsoer*)加以度量。我们的核心解释变量是地区国有经济比重和两个交互项,依照文献的普遍做法,我们选取"国有经济比重"(*Soe*)作为代理变量,为测度该指标的稳健性，我们还计算了“国有职工比重”(*Soe2*)来作为替代性度量指标。由于我们检验的一个重点是观测国有经济是否通过金融压抑和所有制歧视的途径对地区经济产生不良影响，因此，我们在模型中加入了“国有经济比重与银行垄断程度的交互项”(*Soe finmon*)和“国有经济比重与国有企业贷款比重的交互项”(*Soe sloan*)来对二者加以度量。在控制变量中，我们控制了一系列变量，其中“政府作用”(*Gov*)指标用以控制政府对经济的干预程度，由于统计年鉴中政府消费部分既包含公共服务支出又包含了其他政府消费，无法有效分解，因此，这一指标的效应有正有负，其符号不能确定。中国的经济增长过程伴随着城市化过程，因此选取“城市化率”(*Ubr*)用以控制城市化对经济增长的作用。投资对经济增长具有巨大的促进作用，因此，选取“投资增长率”(*Far*)控制投资的作用。宏观经济形势也会影响当年地区经济增长，因此选取“宏观经济波动指数”(*Gdp*)作为对宏观经济形势的控制。考虑到教育和人力资本的重要性，也选取“教育水平”(*Edu*)作为对教育的控制变量。对外开放方面，选取“外商直接投资率”(*Fdi*)作为控制变量。这些变量的计算方法和数据来源都在表 4.1 中详细列出。

4.4-2 方法

本章运用省级面板数据固定效应(FE)—随机效应(RE)分析法来进行研究。我们重点考察解释变量国有经济比重 *Soe* 及两个交互项对被解释变量 *Regdp* 和 *Nsoer* 的影响，观察结果是否和预测一致。

我们提出如下的实证模型：

$$Y_{it} = C + \beta_1 \cdot Soe_{it} + \beta_2 \cdot Soefinmon_{it} + \sum_j \alpha_j \cdot Control + \alpha_i + \mu_{it} \tag{4.9}$$

$$Y_{it} = C + \beta_1 \cdot Soe_{it} + \beta_2 \cdot Soeloan_{it} + \sum_j \alpha_j \cdot Control + \alpha_i + \mu_{it} \tag{4.10}$$

其中，Y 是被解释变量，在不同的回归方程中分别代表 *Regdp*、*Pergdp* 和 *Nsoer*，下标 i 和 t（$t = 1985, 1986, \cdots, 2004$）分别代表第 i 个省份和第 t 年，*Control* 是一系列控制变量，α_i 表示选取固定效应模型时各地区有一个不随时间变化的效应，μ 是残差项。为了控制时间的作用，我们还在各个模型中控制了年份虚拟变量。并且试图通过工具变量法检验结果的稳健性。

4.4-3 计量结果

利用 stata11.0，我们对上述模型进行回归，计量结果显示在表 4.2 中。

在表 4.2 模型(1)中，我们首先考察了地区国有比重与地区总体经济增长之间的关系，结果发现，地区国有经济比重 *Soe* 在 1% 的显著性水平上呈现负效应。这初步证实了我们关于过度的国有比重对经济增长不利的结论。此外，政府消费的符号为负，但在可接受的水平上不显著。地区实际利用外资比重 *Fdi* 和投资增长率 *Far* 则对经济增长产生积极的作用，都在 1% 的水平上显著为正。宏观经济波动指数 *Gdp* 也和地区经济增长呈现正相关关系，但其波幅较大，实际效应有赖于进一步检验。和一般的印象相反，城市化率 *Ubr* 则在 10% 的水平上为负，但在进一步加入交互项后，我们发现这一指标在可接受的水平上不显著，而且其波动性较大，其中的机理尚待进一步探明。教育水平符号虽然符合预期，但是在可接受的水平上不显著。在表 4.2 模型(2)中，我们进一步加入了国有比重与金融垄断程度的交互项，交互项 *Soe finmon* 在 5% 的显著性水平上显著为负，这说明我们前述的逻辑成立，国有经济确

表 4.2 计量结果(1985—2004 年)

被解释变量	*Regdp*			*Nsoer*		
解释变量	(1)	(2)	(3)	(4)	(5)	(6)
Soe	−0.040***	−0.002	−0.009	−0.853***	−0.695***	−0.793***
	(−3.009)	(−0.074)	(−0.445)	(−6.974)	(−4.162)	(−5.548)
Soe finmon		−0.048**			−0.204	
		(−2.211)			(−1.386)	
Soe sloan			−0.160**			−0.473
			(−2.229)			(−0.813)
Gov	−0.047	−0.038	−0.021	−1.311***	−1.354***	−1.290***
	(−1.341)	(−1.068)	(−0.574)	(−3.044)	(−3.103)	(−2.988)
Fdi	0.309***	0.311***	0.316***	−0.321	−0.295	−0.382
	(7.494)	(7.607)	(7.591)	(−0.916)	(−0.809)	(−1.065)
Gdp	0.005	0.008**	0.003	0.009*	0.012**	0.008
	(1.611)	(2.409)	(0.972)	(1.704)	(2.099)	(1.435)
Far	0.078***	0.077***	0.079***	1.043***	1.038***	1.043***
	(6.555)	(6.354)	(6.630)	(15.390)	(15.140)	(15.382)
Ubr	−0.022*	−0.023**	−0.009	0.247	0.189	0.296
	(−1.830)	(−1.982)	(−0.702)	(0.847)	(0.638)	(0.993)
Edu	0.100	0.094	0.096	−0.800	−0.747	−0.966
	(1.509)	(1.409)	(1.432)	(−1.145)	(−1.052)	(−1.327)

续表

被解释变量	*Regdp*			*Nsoer*		
解释变量	(1)	(2)	(3)	(4)	(5)	(6)
常数项	0.047	0.010	0.057	0.649***	0.671***	0.659***
	(1.194)	(0.232)	(1.425)	(4.352)	(4.411)	(4.405)
R^2(within)	0.641 9	0.544 1	0.550 5	0.683 7	0.683 0	0.684 2
Wald 检验 p 值	0.000 0	0.000 0	0.000 0			
F 检验值				38.22	35.64	36.75
Hausman 检验值(p 值)	13.88	21.36	20.49	37.56	36.38	37.40
	(0.949 3)	(0.672 1)	(0.702 7)	(0.038 5)	(0.066 0)	(0.052 9)
年份虚拟变量	是	是	是	是	是	是
观测值	498	487	498	496	485	496
组数	29	29	29	29	29	29
备注	RE	RE	RE	FE	FE	FE

注:(1)括号中的数字为 t 值;(2) *, **, *** 分别表示显著性水平为 10%, 5%和 1%;(3)用国有职工比重 *Soe*2 代替国有经济比重 *Soe* 作稳健性检验,结果类似,为简化起见这里未报告该结果;(4)FE 估计的 Hausman 检验的零假说是 FE 与 RE 估计系数无系统性差异。

实通过金融垄断对地区经济产生了负面影响。其他变量的结果类似于表 4.2 模型(1)。在表 4.2 模型(3)中,我们控制了国有比重与国有企业贷款的交互项,结果显示,国有经济比重和金融歧视的交互项 *Soe sloan* 在 5%的显著性水平上为负,说明国有经济通过加重金融歧视对地区经济产生了显著的负面影响。其他指标的计量结果和前面两式类似。

我们在表 4.2 模型(4)至表 4.2 模型(6)中考察国有经济比重对民营经济发展的影响。结果发现,无论是否加入交互项,在控制了其他变量后,国有经济比重对于民营经济的发展在 1%的显著性水平上具有显著的负效应。这印证了我们前述的理论:国有企业对民营企业产生了事实上的拖累效应。其中,表 4.2 模型(4)中,政府消费 *Gov* 在 1%的显著性水平上为负,说明过多的政府干预也对民营经济的发展具有显著的负面效应。外商直接投资 *Fdi* 对民营经济增长的影响为负,但在统计上并不显著,这可能来自于 *Fdi* 对非国有经济发展的双重作用:一方面作为非国有经济的一部分 *Fdi* 本身对于地区非国有经济具有积极作用,但另一方面 *Fdi* 也可能对国内的民营企业产生挤出效应。宏观经济波动指数 *Gdp* 和地区非国有经济增长呈现正相关。*Far* 在 1%的显著性水平上显著为正,说明投资增长率对地区非国有经济有着显著的正面效应。城市化水平则在可接受的水平上不显著。教育水平在可接受的水平上不显著。在表 4.2 模型(5)中我们进一步控制了国有经济比重与金融垄断的交互项,发现该交互项符号符合预期,但在可接受的显著性水平上不显著,这可能与民间金融的存在和发展有关,民间金融在一定程度上削弱了金融垄断。其他变量的计量结果和表 4.2 模型(4)一致。我们在表 4.2 模型(6)中控制了国有比重与国有企业贷款的交互项,结果显示,该交互项符号也符合预期,但不显著,一个可能的作用机制和我们在理论部分提到的

“金融漏损”有关,当国有企业贷款通过一定的途径“漏损”到民营企业时,这种扭曲的制度会对原来的不合理现象进行一定程度的修正。其他指标的计量结果与前面相同。

由于缺乏相应的统计数据,我们不能对民间金融和金融漏损进行测度,导致我们无法在现有基础上进一步分离出二者的作用。这需要在将来进一步加以研究。在以上的回归中,一个可能的疑问是,结论的稳健性是否会因为存在内生性问题而受到影响。对此,选择合适的工具变量(instrument variable, IV)进行处理是必要的。但是,根据相关的理论,选择 IV 的前提条件是其应该尽量是外生的,其应该在理论上对被解释变量没有直接影响,而是通过影响被工具的变量间接影响被解释变量。由于数据的限制,我们试图按照文献通常的做法,采用 *Soe* 的滞后一阶(*L. soe*)作为工具变量,但是这只适用于被解释变量为 *Regdp* 的情况。(将 *L. soe* 放入方程发现其不显著,而 *L. soe* 和 *Soe* 的相关系数为 0.967 5,所以其可以被用作工具变量。)对于我们的另外一个被解释变量 *Nsoer* 来说,这却并不适用,因为根据前面 *Nsoer* 的定义,其直接受 *L. soe* 的影响,所以滞后项不符合工具变量的选择标准。因此,我们利用工具变量法对 *Regdp* 做了相应的回归进行稳健性检验,并利用 Hausman 检验来判别工具变量法是否更为适合。回归中,IV-FE(或 IV-RE)的 Hausman 检验的零假说是 IV-FE(或 IV-RE)与 FE(或 RE)无系统性差异。Hausman 检验表明,不能拒绝零假设,这说明前述表 4.2 中模型(1)至模型(3)中 RE 的方程选择是适当的。为节省篇幅,此处未报告该结果。此外,用国有职工比重 *Soe2* 代替国有经济比重 *Soe* 作稳健性检验,结果类似,为简化起见这里未报告该结果;综合来看,虽然控制变量的作用机制尚待进一步探明,但是,就我们关心的核心问题,庞大的国有经济规模是否会通过自身效率损失和拖累效应对民营经济和整体经济发展产生不利影响而言，如上的计量结果初步支持了前述假说。

4.5

结语

国有企业效率损失不仅包括国企本身的效率损失，而且包括由这种效率损失带来的其他效率损失。传统文献往往关注前者而忽略后者，本章从国企的“增长拖累”这一视角重新对其加以认识。金融压抑和所有制歧视是中国转型过程中的两个显著特征，本章从这两个视角出发分析了国有经济对民营经济的拖累效应。本章所发展的观点是，在经济转型过程中，庞大的国有经济不仅因为自身的效率损失影响了经济增长，而且通过金融压抑、歧视和效率误配的途径损害了民营经济的成长，最终对整个国民经济产生拖累效应。拖累效应之所以没有突出显现，是因为金融漏损和民间金融的成长构成了中国经济高速成长的重要因素。本章尝试利用1985—2004年中国省级面板数据对此加以验证，结果显示，该结论能够得到部分证实。由于一些相关数据无法获得，所以导致无法进行进一步的检验，这些尚需在未来的研究中加以弥补。

从现实来看，虽然随着国企改革和市场化进程的不断推进，金融压抑和所有制歧视逐渐得到了一定程度的解除，但各个方面的指标显示，国有银行依然居于垄断地位，金融压抑和所有制歧视程度依然严重。这种低效率体制的维持不仅导致了本章所指的种种效率损失，而且通过“财政—银行—国企”三大风险转化机制形成巨大的国家风险（卢文鹏，2002）。不同于传统文献，本章认识到，金融压抑和所有制歧视的根源在于庞大的国有经济拖累。从这一视角出发,我们就可以理解为什么对于金融体制的改革屡屡不得其力,为什么民间金融一直受到禁止而不能为地方经济发展提供其应有之力,为什么民营经济内生性金融制度成长的外部环境一直难以营造(张杰,2000)。所有这些,都和庞大的国有经济规模有着极度重要的关联。因此,本章的一个潜在政策含义是,当金融体系逐渐成为地区经济发展的掣肘和地区差距的重要源泉时,进一步放松金融管制、实行国企改革对经济增长是必要的。

国有企业、隐性补贴与市场分割：机制Ⅲ*

5.1 引言

中国地区间的市场分割是经济发展过程中的一大顽疾，不断侵蚀着潜在的分工合作和市场整合收益。这一现象使人不禁发

* 本章主要内容以“国有企业、隐性补贴与市场分割：理论与经验证据”为题发表于《管理世界》2012 年第 4 期。

问,这种明显违背经济规律的现象为什么在过去几十年里可以持续存在?如果我们进一步仔细观察,不难发现,中国的市场分割在时间和空间上表现出两个典型的特征:第一,从时间维度来看,越来越多的证据(Park and Du, 2003; Naughton, 2003; Bai, et al., 2004; Xu, 2002;白重恩等,2004; Fan and Wei, 2006;桂琦寒等,2006;陆铭、陈钊,2006, 2009;樊福卓,2007;赵奇伟、熊性美,2009;赵奇伟,2009;等)在表明,虽然地方保护与市场分割依然严重,但随着改革开放的推进,中国的市场一体化程度和地区专业化程度是在不断提高的;第二,从空间维度来看,中国各个地区的市场分割程度具有显著的差异。根据樊纲、王小鲁、朱桓鹏(2010)编制的市场化指数可以发现,越是落后的地区,其市场分割程度越大、地方保护力度越大,而越是发达的地区,其市场分割程度就越不明显。

究竟是什么因素导致了中国各个地区之间的市场分割?应当如何解释市场分割在时间和空间上表现出来的差异性?本章试图从国有企业隐性补贴的视角回答这一问题,探索市场分割的所有制基础。无论从何种角度讲,地方保护的对象其实是地区内的企业。从本质上看,市场分割是地方政府为了避免辖区企业遭到外来企业竞争所采取的一种手段,其在事实上构建了外地企业进入本地市场的一层进入壁垒。而辖区内的企业之所以需要保护,是因为脱离了保护,其无法在与外来企业的竞争中获胜。也就是说,辖区保护事实上是在保护那些效率相对落后的企业。而在转型的过程中,由于国有企业被赋予了维护当地社会福利的功能,承担了政策性负担,再加之其自身产权不清等一系列问题,其效率相对较低。地方政府为了对辖内的国有企业进行有效的保护,对外地竞争性企业征收高昂的税收(隐性或者显性的方式),或者通过各种行政性壁垒对进入加以阻止,从而导致市场分割和地方保护。从这个意义上讲，一个地区中企业的所有制结构决定了市场的分割程度，地区中国有企业比重越大，需要保护的企业越多，从而对外来企业所施加的进入壁垒也就越高。由于各个地区所有制结构在时间和空间上表现出差异性，所以市场分割也在时间和空间上表现出差异性。

本章的发现还进一步丰富了人们对于国有企业效率损失途径的认识。新近的一些文献（刘瑞明、石磊，2010）指出，国有企业不仅本身具有效率损失，而且在软预算约束下具有对于经济增长的拖累效应，通过其他途径间接损害经济增长。在改革的过程中，对于国有企业的救助手段表现出多样性。地方政府逐渐摆脱传统的直接财政补贴的方式，而越来越依靠各种隐性方式对国有企业进行暗补。例如通过金融补贴形成坏账、维持垄断以获取垄断利润等（林毅夫、李志赟，2003；樊纲，2000）。沿着这一思路，本章所发展的观点是，在经济转型的过程中，市场分割扮演了对国有企业的隐性补贴功能，是对国有企业补贴的另外一种隐性方式。在本章的模型中，市场分割程度和国有比重均被内生地决定，从而可以观察到二者之间的关系并解释其变化的原因。这一发现很好地拟合了市场分割在时间和空间上表现出来的差异性。利用中国1995—2006年的省级面板数据进行实证分析后发现，这一假说得到了很好的支持。我们的研究也为中国如何走向统一的国内市场这一难题提供了可行的建议，在我们看来，所有制结构的转变不仅有助于效率的提高，而且会带来市场整合的收益。

本章的结构安排如下：第5.2节进行文献综述，在对文献的梳理和述评中阐清本章的边际贡献；第5.3节通过一个简易的混合寡占模型说明地区国有比重和市场分割程度之间的关系；第5.4节利用中国的省级面板数据进行实证分析；第5.5节为结语。

5.2

文献述评

5.2-1 市场分割:测度、损失与成因

经济发展要求市场分工的不断细化,市场交易规模的不断扩展,最终形成统一的大市场(王小龙、李斌,2002)。目前广泛存在的市场分割导致了市场的"细碎化",阻碍了市场的整合,对经济发展构成威胁。鉴于市场分割的这一潜在危害,一些文献开始着手测度市场分割的严重程度,力图辨识出中国市场分割的走向。总体来看,尽管文献因为算法、数据的不同得出的结论有所差异,在市场分割的走向上也存在争论①,但这些文献都认为中国地区间的市场分割依然严重(Young, 2000; Poncet, 2003, 2005; Park, 2003; Naughton, 2003; Bai, et al., 2004;李善同等,2003;林毅夫、刘培林,2004;等)。有一些文献(郑毓盛、李崇高,2003;刘培林,2005)还进一步测度了市场分割所带来的效率损失。

---

① 有关市场分割的算法和测度,大体上有"生产法"、"贸易法"、"价格法"、"经济周期法"和"问卷调查法"五种,余东华和刘运(2009)对这五类方法进行了详细的综述,由于本章的重点并不在此,因此并不对此展开详述。市场分割的走向一直存在争论,在早期的一些测度文献中,Young(2000)和 Poncet(2003, 2005)具有代表性,他们认为中国国内市场分割的走向是不断趋于严重的。但是后来的文献(Park, 2003; Naughton, 2003; Bai, et al., 2004; Xu, 2002;白重恩等,2004; Fan and Wei, 2006;桂琦寒等,2006;樊福卓,2007,陆铭、陈钊,2006, 2009;等)挑战了他们的观点,用更为科学的方法和翔实的数据表明,尽管国内市场分割依然严重,但是市场分割程度是不断得到减缓的。

然而正如陆铭、陈钊(2009)所指出的那样,在找到科学的度量指标之后,研究什么样的因素决定了市场分割的程度,以及市场分割对于经济增长的影响更重要。对于国内市场分割成因的探求构成了学界关心的一个主要话题,既有的理论也从各个方面对这种市场分割的原因进行了探索。在早期的探索文献中,人们往往认为市场分割是由财政分权引发的,财政分权体制强化了地方政府的财政和经济激励,各地为保护本地资源、市场和税基而各自为政(银温泉、才婉如,2001),形成了"诸侯经济"和"零碎分割的区域市场"(沈立人、戴园晨,1990; Young,2000)。在分权式竞争中,垂直化行政管理架构和资源流动性的限制使得地方政府倾向于采取保护性策略和掠夺型策略(周业安、赵晓男,2004)。但是,正如林毅夫和刘培林(2004)所指出的,财政分权并不必然导致市场分割,从事实观察来看,同样存在高度分权但市场也高度整合的反例,因此,重要的是探究在什么样的历史条件下,财政分权导致了地方保护和市场分割。财政分权假说更多地关注了经济激励方面的内容,在中国的政治治理结构中,官员晋升是否也构成了官员的重要收益并影响了市场分割程度呢?周黎安(2004)利用一个地方官员的晋升锦标赛模型分析表明,锦标赛竞争使得地方官员之间的合作空间非常狭小,而竞争空间非常巨大,从而加剧了市场分割。刘瑞明(2007)进一步认为,在晋升激励体制下,风险规避的地方政府官员会采取经济模仿发展战略,这导致产业同构的形成并引发了地方保护和市场分割。然而,一方面,晋升激励机制起作用的条件依赖于官员对于地区经济具有控制力,在经济转型的过程中,这种控制力和企业的所有制结构息息相关;另一方面,晋升激励机制的变化很难和市场分割的变化吻合起来,甚至相差甚远。因此,如果直接从财政分权和晋升激励的角度来看的话,我们很难解释市场分割的时空差异性。一个需要继续探索的事实是,财政分权和晋升激励究竟通过什么途径来影响地区间的市场分割。在我们看来,所有制结构是一个良好的切入点,相关文献(张维迎、栗树和,1998;朱桓鹏,2004)已经指出,分权改革以来,地区间竞争的加剧和地区出于财政收入的考虑,会主动改革国有企业,而在中国的GDP考核机制下,如果不改革低效率的国有企业,本地的经济难以发展,地方官员也很难在政治市场上获得上升空间,这可能促使地方官员推动民营化(刘瑞明、白永秀,2010)。而从事实观察来看,正是国有比重的降低使得地方政府不必再通过市场分割的方式对低效率的国有企业进行隐性补贴,这使得市场分割程度表现出时间和空间上的差异性。

另外一些文献(王小龙、李斌,2002;陆铭等,2004)则从地区间策略性分工的角度阐释了市场分割的形成,他们注意到,为了提高自己在未来分配分工收益的谈判中的地位,落后地区有可能选择暂时不加入分工体系,市场分割是发达地区和落后地区在利益博弈中理性选择的结果。皮建才(2008)进一步从发达地区的角度出发,分析了区域市场整合的成本和收益,研究指出,地区收入差距是阻碍市场整合的决定性力量,正外部溢出效应是推进市场整合的决定性力量。正是基于地区差距可能阻碍市场整合的这一洞见,范子英、张军(2010)进一步从转移支付的角度进行了深入分析,研究显示转移支付能够显著地带来国内市场整合,这是因为转移支付使得落后地区分享了发达地区经济增长的好处,从而改变了其分工策略。然而,在如上的几篇文献的模型中,一个共同的假定是落后地区和发达地区的先验划分。一个值得进一步深究的问题是,在经济转型的过程中,发达地区为什么发达,落后地区为什么落后呢?从转型的事实来看,这和地区的所有制结构有着紧密的关联,这促使我们从所有制结构的角度进一步挖掘市场分割的动因。

在为数不多的涉及所有制结构和市场分割的文献中，白重恩等人(2004)认为，通过建立地区间的竞争壁垒，地方政府可以保护国有企业和高利税率的企业。然而，白重恩等(2004)的文章中，其主要从政府在对国有企业的保护中获得个人好处和政治利益的角度阐释了国有企业与地方专业化之间的关系。我们认为，尽管国有企业可能确实能够给政府官员带来这些好处，但是如果不考虑国有企业的效率和在经济转型期的社会福利承担功能，则很难全面认识二者之间的内在逻辑，也难以解释市场分割在时间和空间上表现出的广泛性和差异性。因此，从国有企业的效率和隐性补贴角度考察能够更好地对文献进行补充，而其选用的计量指标也需要进一步合理化(陈敏、桂琦寒、陆铭、陈钊，2007)。林毅夫、刘培林(2004)可能是最接近我们思路的一篇文章，他们从赶超战略的角度出发，指出由于赶超型发展战略使得各个地区忽略了其自身的资源禀赋和比较优势，企业丧失了自生能力，地方政府往往通过地方保护与市场分割的方式来保护地区内的企业。并且，随着非国有经济的发展，经济发展战略将转向比较优势战略，这必然导致市场一体化程度的提高。这一认识是极富洞见的，而且较好地吻合了现实。但是遗憾的是，在这篇文章中，他们并未提供严格的理论模型对这一思想加以刻画，在对这一假说的验证方面，也未提供严格的计量检验，而是利用李善同等(2003)基于调查问卷的数据进行了描述性的解说和验证。究竟这一逻辑能否成立，其结论是否稳健依然值得深究。本章则意图将这一思想进一步深化，明确指出市场分割是对国有企业进行隐性补贴的一种方式，通过构建一个理论模型推导出国有企业和市场分割之间的关系，并利用中国的省级面板进行严格的计量检验。

本章试图抓住中国经济转型过程中所有制结构转变的特征，从国有企业隐性补贴的视角理解市场分割，考察市场分割的微观基础。我们的重点是挖掘所有制结构的转变如何影响了市场分割的程度，从而为市场分割在时间和空间上表现出的差异性提供一个合理的解释。这一研究弥补了既有文献的不足，一方面，我们进一步完善了财政分权和晋升激励的逻辑，通过所有制结构这一链接使得其内在逻辑更为合理；另一方面，我们进一步从所有制结构的角度对地区差距的来源进行探索，这能对分工视角的文献进行补充。我们的文章也试图完善和深化所有制结构的相关文献的认识，从逻辑机制上，也进一步补充了人们对市场分割和国有企业效率损失的认识。

5.2-2 混合寡占文献

由于本章关注转型经济中所有制结构的变化与市场分割之间的关系，因此，和本章相关的一类文献是"混合寡占"的相关研究。在转轨经济中，一个重要的特征就是国有企业和私营企业的共同竞争，这种市场往往被称为"混合寡占"(mixed oligopoly)。对于混合寡占的起始性研究是由 Merrill 和 Schneider(1966)做出的，鉴于混合寡占问题的普遍性，后来的大量文献对这一现象作出了研究(Cremer, et al., 1989, 1991; DeFraja and Delbono, 1989; Fershtman, 1990; George and La Manna, 1996; Fjell and Pal, 1996; White, 1996)。①

在早期的混合寡占模型中，人们往往考虑的是封闭经济，分析一个地区内部国有企业和私营企业的竞争如何影响了社会福利，进而政府在最大化社会福利的基础上决定私有化程度。DeFraja 和 Delbono(1989)曾经构造了混合寡头模型，在模型中存在 1 个国

① DeFraja 和 Delbono(1990)对于早期的混合寡占文献做了很好的综述。

企和 n 个私企，分析结论认为，追求社会福利最大化的政府是否需要私有化其国企，取决于私企个数 n 的大小，n 较大时则选择私有化。Cremer 等(1991)分析认为，国企与私企的成本之差越大，为了社会福利最大化，就越需要把国企私有化。Matsumura(1998)考虑了一个混合寡占模型，在这一模型中，一个私有化企业和一个部分国有化企业竞争，私有企业关注企业利润，部分国有化企业则既关注社会福利，又关注企业利润，研究发现，全部的私有化和全部的国有化都不能达到社会最优。但是，是否应该继续研究关税和补贴在混合寡占中的作用，尤其是私有化和战略贸易政策是如何互动的？Pal 和 White(1998)在一个跨国混合寡占框架下研究了战略贸易政策下的私有化效应，如果政府对国内生产进行补贴，则社会福利总是随着私有化而增加，同时最优的补贴下降；如果政府对国外厂商征收关税，则私有化在一定的参数空间内增加社会福利，但是最优的关税则既有可能上升，也有可能下降。

作为转型经济国家的中国，其国有企业的民营化也是一个社会各界都异常关注的问题。平新乔(2000)对 Fershtman(1990)的文章进行了拓展，考虑了一个部分国有化企业和一个私营企业的双寡头竞争模型，其发现，国有企业目标函数中的社会福利比重决定了国有经济的相对比重，并且在一定条件下国有经济在国民经济中的比重不会趋于零。黄金树(2005)应用混合寡占模型分析后发现，当国有企业的成本相对于私有企业的成本高出愈多或私有企业家数愈多时，政府均会降低最适的社会福利权重，以及更倾向于将国有企业民营化。张军等(2005)通过一个国有企业具有领导地位的混合寡占模型分析指出，国企同私企的边际成本之差达到临界值是国企民营化的必要条件，行业内私企发育通过降低临界值加速了国企民营化的进程。孙群燕等(2004)进一步考虑了国企背负社会负担条件下的混合寡占博弈模型，在分别就封闭经济和开放经济的情形进行分析后认为，如果国企相对生产效率很低，则必须对其进行民营化改革；但是，如果国企的相对生产效率不太低，完全的民营化并不能使社会总体福利或政府支付最大化。

本章试图秉承混合寡占模型的思路，构建一个本地部分国有企业和外地民营企业竞争的混合寡占模型。但与如上模型不同的是，本章进一步将区际关税壁垒引入混合寡占模型，试图通过一个两阶段博弈模型来刻画地区国有比重与市场分割之间的内在逻辑。通过这一模型，本章试图理清转型经济中所有制结构与市场分割之间的关系，并内生地刻画所有制结构变化的社会福利基础，为理解市场分割及其演变提供更为合理的解释。

5.3

模型

考虑这样一个经济，经济中存在两个地区，本地(home)和外地(foreign)。本地企业和外地企业的数量均标准化为1，其中，本地企业是一个部分国有化企业(用 h 表示)，该企业的国有比例和非国有比例分别为 η 和 $1-\eta$，$\eta\in[0, 1]$，外地企业为一个民营企业(用 f 表示)。为了保护本地企业，本地政府出台贸易保护政策。尽管贸易保护和市场分割的手段多种多样，但是其最终目的是将外地企业的价格抬高，从而使外地企业失去竞争力。这些手段的最终表现其实都可以用区际关税壁垒 t 来刻画，t 越大，表明市场分割和贸易保护的程度越大。本地政府除了选择市场分割程度对本地部分国有化企业进行隐性补贴外，还可以根据当地社会福利情况内生地决定国有比重 η。

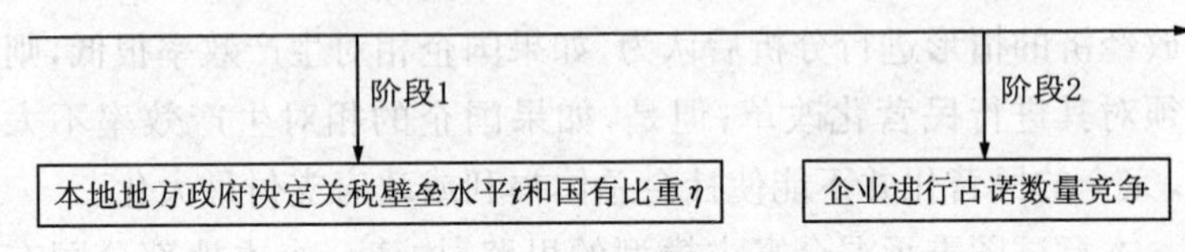

图 5.1 阶段博弈时序示意图

如图 5.1 所示，博弈可分为两个阶段：

第一个阶段：本地政府根据本地福利最大化原则制定贸易政策，确定关税壁垒 t 和国有比重 η。

第二个阶段：本地企业和外地企业进行古诺产量竞争。

由于地方保护和市场分割的目的均为削弱外地企业在本地市场的竞争力，防止或阻碍外地企业进入本地市场，因此，我们假定外地企业和本地企业在一个共同的本地市场中竞争，假定本地市场的反需求函数为线性的：$p = D(Q) = a - q_h - q_f$，q_h 和 q_f 分别代表本地企业和外地企业的产量。生产成本函数为二次型的，$c_i(q_i) = F + \frac{k_i}{2}q_i^2$，$i = h, f$。由于我们并不考虑进入问题，所以假定 $F = 0$，为简化起见，我们将外地企业的成本系数 k_f 标准化为 1，假定本地企业的边际成本大于外地企业，$k_h \geqslant 1$，k_h 代表了本地企业和外地企业的成本差距，其越大意味着本地企业的成本越高，效率越低，竞争力越弱。

企业的利润函数为：

$$\pi_i = pq_i - c_i \tag{5.1}$$

其中，$i = h, f$，分别代表本地企业和外地企业。

由于国有企业承担了一定的政策性负担，因此借鉴 Matsumura(1998)的做法，假定本地企业的目标函数为：

$$\max \Pi_h = \eta W + (1-\eta)\pi_h \tag{5.2}$$

其中，η 代表本地企业的国有比重，也代表了其关注本地社会福利的程度，$\eta \in [0, 1]$。W 代表本地社会福利。

为了保护本地部分国有化企业，地方政府对外地企业的每单位产品征收关税 t，此时，本地企业和外地企业的利润函数分别为：

$$\pi_h = (a - q_h - q_f)q_h - \frac{1}{2}k_h q_h^2 \tag{5.3}$$

$$\pi_f = (a - q_h - q_f - t)q_f - \frac{1}{2}q_f^2 \tag{5.4}$$

此时，本地社会福利为本地消费者剩余、生产者利润和关税收入的总和，

$$W = \int_0^Q p(Q)dQ - p(Q)Q + \pi_h + tq_f \tag{5.5}$$

其中，$Q = q_h + q_f$。

将各式代入，进一步，可以获知，

$$W = \frac{(q_h + q_f)^2}{2} + (a - q_h - q_f)q_h - \frac{1}{2}k_h q_h^2 + tq_f \tag{5.6}$$

将 W 和 π_h 代入(5.2)式化简可得，

$$\Pi_h = (a - q_h - q_f)q_h - \frac{1}{2}k_h q_h^2 + \eta\left[\frac{(q_h + q_f)^2}{2} + tq_f\right] \tag{5.7}$$

根据逆向归纳法，我们首先进行求解第二阶段古诺竞争的结果，由一阶条件可知，

$$\frac{\partial \Pi_h}{\partial q_h} = a + (\eta - 1)q_f + (\eta - 2 - k_h)q_h = 0 \tag{5.8}$$

$$\frac{\partial \pi_f}{\partial q_f} = a - q_h - 2q_f - t - q_f = 0 \tag{5.9}$$

对如上两式进行化简可得，

$$q_h = \frac{a}{2 + k_h - \eta} + \frac{(\eta - 1)q_f}{2 + k_h - \eta} \tag{5.10}$$

$$q_h = a - 2q_f - t - q_f \tag{5.11}$$

联立进行求解，有，

$$q_f = \frac{(1 + k_h - \eta)a}{5 + 3k_h - 2\eta} - \frac{(2 + k_h - \eta)t}{5 + 3k_h - 2\eta} \tag{5.12}$$

$$q_h = \frac{(1 + k_f + \eta)a}{5 + 3k_h - 2\eta} + \frac{(1 - \eta)t}{5 + 3k_h - 2\eta} \tag{5.13}$$

进一步，我们有，

$$\frac{\partial q_h}{\partial t} > 0\text{，}\frac{\partial q_f}{\partial t} < 0 \tag{5.14}$$

上式意味着，贸易壁垒和市场分割具有对本地企业的保护作用和对外地企业的抑制作用。由此，我们可以得到：

命题 5.1 本地实施的市场分割措施具有对本地企业的保护作用和外地企业的抑制作用。本地企业产量随着贸易壁垒的增加而上升，外地企业的产量随着贸易壁垒的增加而下降。

接下来，我们进一步求解第一阶段政府的最优关税壁垒和国有比重设定。将(5.12)、(5.13)两式代入本地社会福利函数 W，并对 t 求一阶导可以得出最优的区际关税壁垒 t，

$$t = \frac{4a - 2aA - 4a\eta + 2aA\eta + 5ak_h - aAk_h - 3a\eta k_h - a\eta^2 k_h + ak_h^2}{3 - 4A - 2\eta + 2A\eta + 3k_h - 2Ak_h - \eta^2 k_h + k_h^2} \tag{5.15}$$

其中，$A=5+3k_h-2\eta$。

进一步利用 t 对 η 求导，计算可得，

$$\frac{\partial t}{\partial \eta}>0 \tag{5.16}$$

(5.16)式的含义是，最优关税壁垒 t 总是随着国有比重 η 的上升而上升。也即，作为隐性补贴的市场分割程度会随着本地国有比重上升而上升。

总结以上讨论，我们可以得到：

命题 5.2 在本地部分国有企业成本高于外地企业时，市场分割扮演了对本地部分国有企业的隐性补贴作用。一个地区的所有制结构决定了市场分割程度，当所有制结构中的国有比重越大时，市场分割程度越高，反之，所有制结构中的国有比重越小，市场分割程度越低。

进一步，我们将 t 的最优值(5.15)式代入本地社会福利函数 W，并利用 W 对 η 求导，可以得出最优的国有比重决定，求解可得，$\eta=\frac{4}{4+k_h}$，或 $\eta=\frac{9+7k_h+k_h^2}{4+k_h}$，由于国有比重 $\eta\in[0,1]$ 的区间上，因此，第二个解没有经济含义，故舍去。容易求知，当 $\eta>\frac{4}{4+k_h}$ 时，$\frac{\partial W}{\partial \eta}<0$，即当国有比重超过一定程度时，国有比重的增加对于本地社会福利具有负面影响。并且，容易得知，k_h 越大，即当本地部分国有化企业的成本相对于外地企业的成本越高时，出于社会福利最大化的考虑，政府越需要削减国有比重，进行国企改革。这能够解释为什么政府要放弃国有企业，如果国有企业的效率太低，那么维持国有企业对于本地福利是不利的，从而削减国有比重有利于社会福利的增进。

根据以上讨论，我们就不难理解中国各地区间市场分割程度

在时间和空间上表现出的差异性。从时间上看,地区间市场分割程度逐步得到减缓,这是因为国有企业效率损失过于严重,维持其运行的成本太高,导致政府选择放弃部分国有企业、削减国有比重。由于国有比重随着改革进程的推进在不断下降,因此,从时间维度来看,国有比重的下降导致了隐性补贴的减少和市场分割的减弱。这也正是为什么大量研究发现中国的市场正在逐步走向整合的原因。从空间维度来看,各个地区的市场分割程度不一,一个明显的趋势是,越是落后的地区,越倾向于贸易保护。这其实是因为落后地区的国有比重更高,更多地被当地政府赋予了关注当地社会福利的职责,其所承担的政策性负担更重,与外来企业的竞争力更弱,从而越需要地方政府通过市场分割的方式进行隐性补贴,贸易壁垒也就越大。而发达地区则刚刚相反。据此,可以推断,一个地区的所有制结构在一定程度上决定了市场分割程度,地区国有比重的时空差异是市场分割程度差异的重要原因。为了检验这一假说,我们在第 5.4 节利用中国的省级面板数据进行实证分析。

5.4

经验证据

5.4-1 实证检验的方法和策略

根据前述理论,我们着重关注地区国有经济比重是否加剧了地区市场分割这一问题,因此,我们重点检验国有经济比重和地区市场分割程度之间的关系,观测是否符合理论假说。具体而言,在基础回归中,我们利用固定效应(FE)—随机效应(RE)分析法来研究这一问题,检验方程如下:

$$Y_{it} = C + \beta_1 \cdot Soe_{it} + \sum_j \alpha_j \cdot Control + \alpha_i + \mu_{it} \quad (5.17)$$

其中，Y_{it}是被解释变量，代表地区当年市场分割程度，下标 i 和 t 分别代表第 i 个省份和第 t 年，Soe 代表国有经济比重，$Control$ 是一系列控制变量，α_i 表示采取固定效应时各地区有一个不随时间变化的效应，μ 是残差项。为了确定在固定效应(FE)模型还是随机效应(RE)模型之间选择那个更为合适，我们还利用 Hausman 检验进行了计量检验。

我们在分析的过程中还考虑了内生性问题。因此，在回归的过程中，我们首先根据工具变量法的思想做了相关检验，采取工具变量法(IVFE 或 IVRE)回归时，受限于数据获得的困难，我们采用国有经济比重的滞后项作为工具变量，并进一步根据 Hausman 检验来确定模型的优劣。为了进一步克服内生性问题，我们还采用了系统广义矩方法进一步进行检验。由于本章所使用的数据属于大 N 小 T 型面板数据，根据文献(Roodman, 2006)的认识，这一数据结构采用动态面板数据处理技术是一个非常好的选择。就动态面板数据而言，Arellano 和 Bond(1991)提出了差分广义矩估计法(DIF-GMM)来处理动态面板数据模型中的内生性问题。其基本思路是先进行一阶差分以去掉固定效应的影响，然后用一组滞后的解释变量作为差分方程中相应变量的工具变量。然而，DIF-GMM 估计量较易受弱工具变量的影响而产生向下的大的有限样本偏差。为了克服这一问题，Blundell 和 Bond(1998)提出了系统广义矩方法(SYS-GMM)。SYS-GMM 估计量结合了差分方程和水平方程，此外还增加了一组滞后的差分变量作为水平方程相应变量的工具。相对来说，SYS-GMM 估计量具有更好的有限样本性质，是目前解决联立内生性问题的较有效方法。因此，本章利用系统广义矩估计(SYS-GMM)分析法进行研究。SYS-GMM 估计的有效性依赖于模型中工具变量选取的有效性及残差的差分项不存在高阶序列相关的假定,因此在本章中我们通过 Sargan 过度识别检验和残差序列相关检验来进行了判断。结果表明,SYS-GMM 二步估计比一步估计更有效。于是,我们采用 SYS-GMM 二步法进行估计。

5.4-2　变量和数据

根据我们的研究目的,我们重点关注国有经济比重与市场分割程度之间的关系,由于市场分割程度还受到其他经济变量的作用,我们将这些变量作为控制变量引入。详细的变量设置列在表 5.1 中。

表 5.1　数据和变量定义

变量性质	变量名称	变量含义	计算方法
被解释变量	*Marketseg*	地区市场分割指数	采用价格法计算的市场分割指数
核心解释变量	*Soe*	国有职工比重	地区国有单位职工人数/地区职工总人数
控制变量	*Gov*	政府干预程度	地区政府财政支出/地区国内生产总值
	Fisde	财政分权	地方人均预算内财政支出/全国人均预算内财政支出
	Marketscale	市场规模	每平方公里人口数×人均 GDP
	Open	对外开放程度	地区进出口总额/地区国内生产总值
	Fdi	外商直接投资水平	地区实际利用外商直接投资/地区国内生产总值
	Tecgap	技术差距	本地区人均 GDP/周围各地区人均 GDP 的均值
	Area	地理距离	本地区面积+相邻地区总面积/相邻地区个数

我们的被解释变量为“地区市场分割程度指数”(*Marketseg*),有关市场分割的算法和测度,大体上有“生产法”、“贸易法”、“价格法”、“经济周期法”和“问卷调查法”五种,尽管各个方法都有各自的优缺点,但是综合来看,“价格法”构造的指标能够更直接的衡量市场分割程度(详见桂琦寒等,2006;陈敏等,2007),这一指数基于严格的理论和方法获得对客观的地区间市场分割程度的测度。在Paresley和Wei(1996, 2000, 2001)的经典文献基础上,桂琦寒等(2006)、陈敏等(2007)、范子英、张军(2010)、陆铭、陈钊(2009)、张杰等(2010)、赵奇伟、熊性美(2009)等均采用了这一方法计算的市场分割指数。因此,我们也采用这一方法计算的市场分割指数来测度地区市场分割程度。由于本章着重关注产品市场尤其是消费品市场上的市场分割,因此为保持逻辑的一致性,本章采用赵奇伟、熊性美(2009)根据价格法计算的消费品市场分割指数来加以度量。①该指数越大,市场分割程度越大。为了使系数不至于太小,我们参照陈敏等(2007)的做法,将所有的市场分割指数都乘以100。

我们的核心解释变量为地区国有经济比重,按照文献(陈敏等2007;范子英、张军,2010)的做法,我们通过计算“国有职工比重”

---

① 在赵奇伟、熊性美(2009)的研究中,他们采用相对价格法测算了1995—2006年中国内地28个省份(由于海南、重庆、西藏三个地区的部分数据严重缺失,故并未考虑)的消费品市场的分割程度。其中,消费品共选取了八大类商品,即食品、烟酒及用品、衣着、家用设备及其用品、医疗保健用品、交通和通讯工具、娱乐教育文化用品、与居住相关的产品与服务等等。有关“价格法”的原理和详细测度方法,请参见Paresley和Wei(1996, 2000, 2001)、桂琦寒等(2006)、陈敏等(2007);有关消费品市场分割指数的详细计算过程,请参见赵奇伟、熊性美(2009)和赵奇伟(2009)。

(*Soe*)来对地区国有比重进行度量，这一方面是因为对于国有职工就业的保护构成了市场分割的重要原因，另一方面是因为市场分割主要是对国有经济的存量进行保护，相对于其他度量指标，国有职工比重这个指标能够更好地度量存量数据。根据理论分析，我们预期这个核心解释变量对市场分割指数有正面作用。

在控制变量中，我们选择了一系列可能影响地区市场分割的变量。根据文献的认识（陈敏等，2007），市场分割依赖于政府的干预程度，在中国式分权的背景下，政府有激励直接参与和干预本地的经济活动，因此，如果一个地区的政府支出占本地 GDP 的比重越大，则政府越是有能力通过地方保护和市场分割的方式对本地企业进行保护。根据有关文献（范子英、张军，2010；等）的普遍做法，我们采用“地区政府支出/地区国内生产总值”来度量政府干预程度。

由于中国的财政分权体制强化了地方政府的经济激励，各地为保护本地资源、市场和税基而各自为政（沈立人、戴园晨，1990；Young，2000；银温泉、才婉如，2001；周业安、赵晓男，2004），因此，财政分权程度越大，地方政府越有激励进行市场分割。沿袭范子英、张军（2010）的构造方法，我们用地方政府预算内人均财政支出占全国预算内人均财政支出的比重来度量分权的程度。

同时，“斯密定理”也揭示了市场规模对地区分工的重要性。当一个地区的市场规模越大时，本地购买力越大，从而市场容量越大。一方面，市场规模越大意味着可以容纳更多的企业在同一个市场上进行竞争，另一方面，根据斯密定理，市场规模越大意味着分工越细化，本地企业的分工水平和创新能力越高，在面临外来竞争者时其竞争力越强。这两个方面都会弱化本地政府的地方保护和市场分割动机。市场规模的测度依赖于两个方面，一个是本地的人口密度（单位为人/平方公里），另一个是人均的收入水平（单位为万元),我们用二者的乘积项来度量本地市场规模,即本地每平方公里土地上人口的购买力。我们预期该指标与市场分割指数负相关。

此外,中国地区间的市场分割程度依赖于对外开放的情况。根据陈敏等(2007)的论述,一个地区的外贸依存度可能会从多个方面影响地区间的市场分割。因此,我们计算了各个地区的外贸依存度作为对外开放的测度指标。外商直接投资(FDI)也可能会影响地区间的市场分割程度,一方面,FDI 能够给地区带来先进的技术、开放的观念,地方政府为了吸引 FDI 必须要改进其工作效率、提供高效的公共服务,这些可能会有利于市场分割的减弱;但另一方面,在中国式分权的激励背景下,地方政府为了争取到更多的 FDI,往往也会更有激励将投资锁定在本地区,避免外流,这反而会加剧市场分割和地方保护。因此,这两股相反的力量使得 FDI 对于市场分割程度的效应是复杂和不确定的。

根据相关文献(王小龙、李斌,2002;陆铭等,2004;皮建才,2008;范子英、张军,2010)的认识,市场分割程度还可能依赖于地区间的发展差距,在区域发展存在差异的条件下,地区基于策略性分工的选择有可能阻碍市场走向一体化。因此,我们借鉴陈敏等(2007)的做法,计算了"本地区人均 GDP/周围各地区人均 GDP 的均值"来度量地区间的发展差距。此外,客观存在的交易屏障可能会构成地区间市场分割的重要因素。从理论上讲,两地间路程越远,交易成本越高,商品的流动会受到空间距离的限制。因此,如果地区间地理距离越远,市场分割程度就可能越严重。由于每一个省区都有数个相邻的地区,很难用直线距离来表示地理距离,因此,我们根据陈敏等(2007)的算法,计算了本地区与相邻地区间的平均面积来对地理距离加以度量。表 5.1 详细介绍了这些变量的计算方法。

本章所使用的数据的覆盖范围是1995—2006年，我们搜集了除西藏、海南和重庆之外的中国内地28个省（直辖市、自治区）的数据。由于部分数据缺失，所以这一数据是非平衡面板数据（unbalanced panel data）。数据中"价格法"计算的市场分割程度指数取自赵奇伟、熊性美（2009），其他原始数据都来源于《新中国六十年统计资料汇编》、《新中国五十五年统计资料汇编》及各年统计年鉴。此外，在进行稳健性检验时，我们还采用了樊纲等（2010）编制的《中国市场化指数——各地区市场化相对进程2009报告》中的"减少商品市场保护程度"这一市场化指数。在原始数据中，地区实际利用外商投资数额和地区进出口总额的单位为美元，我们通过各年中间汇率进行了相应换算，中间汇率数据取自各年统计年鉴。

5.4-3 结果和解释

我们利用stata12.0对前述模型进行回归，计量结果显示在表5.2和表5.3中。

我们首先对模型进行了检验，并利用Hausman检验确定采用FE或者RE模型，其结果显示在表5.2中的式(1)至式(3)。由于可能存在内生性的问题，这会影响我们计量结果的稳健性。对此，选择合适的工具变量（instrument variable，IV）进行处理是必要的。根据相关的理论，选择IV的前提条件是其应该尽量是外生的，其应该在理论上对被解释变量没有直接影响，而是通过影响被工具的变量间接影响被解释变量。由于数据的限制，我们试图按照文献的做法，采用Soe的滞后二阶（L2. soe）作工具变量进行回归（将L2. soe放入方程发现其不显著，说明其并不直接影响被解释变量，而L2. soe和soe的相关系数为0. 967 1，所以其可以用作工具变量），其结果显示在表5.2中的式(4)至式(6)，Hausman检

表 5.2　计量结果(固定效应-随机效应模型和工具变量法)

被解释变量	“价格法”计算的市场分割程度指数(*Marketseg*)					
解释变量	(1)	(2)	(3)	(4)	(5)	(6)
Soe	0.079***	0.057***	0.061***	0.040***	0.029**	0.035***
	(6.641)	(4.351)	(4.407)	(3.301)	(2.323)	(2.663)
Gov		−0.011	−0.006		0.038**	0.058***
		(−0.497)	(−0.247)		(2.141)	(2.808)
Fisde		0.012***	0.015***		0.009***	0.009**
		(3.008)	(2.858)		(2.829)	(2.175)
Marscale		−0.036**	−0.043**		−0.038***	−0.042***
		(−2.266)	(−2.476)		(−2.887)	(−2.932)
Open		0.010*	0.011*		0.011**	0.011**
		(1.729)	(1.864)		(2.234)	(2.094)
Fdir		0.029	0.011		0.029	0.010
		(0.638)	(0.223)		(0.727)	(0.240)
Tecgap			−0.003			0.002
			(−0.686)			(0.518)
Area			−3.90e−07			−6.80e−07**
			(−0.893)			(−2.098)
常数项	−0.041***	−0.037***	−0.037***	−0.017**	−0.025***	−0.029***
	(−4.960)	(−3.560)	(−3.211)	(−2.027)	(−2.694)	(−2.849)

续表

被解释变量	"价格法"计算的市场分割程度指数(*Marketseg*)					
解释变量	(1)	(2)	(3)	(4)	(5)	(6)
R^2(within)	0. 125 6	0. 144 5	0. 148 8	0. 038 7	0. 123 7	0. 141 5
Hausman 检验值(p 值)	18. 28	9. 20	7. 45	207. 67	88. 11	102. 09
	(0. 000 0)	(0. 162 6)	(0. 383 9)	(0. 000 0)	(0. 000 0)	(0. 000 0)
N	336	329	329	280	273	273
备注	FE	RE	RE	IVFE	IVRE	IVRE

注:(1)括号中的数字为 t 值或 z 值;(2) *, **, *** 分别表示显著性水平为10%,5%和1%;(3)FE 估计的 Hausman 检验的零假说是 FE 与 RE 估计系数无系统性差异,IV-FE(IVRE)的 Hausman 检验的零假说是 IV-FE(IVRE)与 FE(RE)无系统性差异。

表 5.3 计量结果(两步系统广义矩方法)

被解释变量	"价格法"计算的市场分割程度指数(*Marketseg*)			
解释变量	(7)	(8)	(9)	(10)
L. marketseg	0.195***	0.159***	0.139***	0.132***
	(46.079)	(39.537)	(14.277)	(13.996)
Soe	0.056***	0.077***	0.105***	0.099***
	(27.463)	(30.518)	(17.477)	(9.315)
Gov		0.056***	0.068***	0.077***
		(18.113)	(7.361)	(8.620)
Fisde		0.007***	0.004***	0.013***
		(16.285)	(2.770)	(5.381)
Marscale			−0.002	−0.034***
			(−0.368)	(−4.458)
Open			0.017***	0.022***
			(6.341)	(5.073)
Fdir				−0.004
				(−0.089)
Tecgap				−0.017***
				(−5.886)
Area				−0.000**
				(−2.108)
常数项	−0.029***	−0.057***	−0.080***	−0.065***
	(−20.990)	(−25.832)	(−13.903)	(−9.937)
N	308	308	308	301
Sargan 检验	1.000	1.000	1.000	1.000
AR(1)	0.0136	0.0174	0.0185	0.0202
AR(2)	0.7249	0.7482	0.7828	0.8596

注:(1)括号中的数字为 z 值;(2) *, **, *** 分别表示显著性水平为10%,5%和1%。

验表明,模型的确存在内生性问题。此外,在采用了 SYS-GMM 方法进行检验后发现,计量结果中各变量的符号和显著程度和采取工具变量法时基本相同,这说明结果具有较好的稳健性。因此,工具变量法和系统广义矩方法的回归结果更为可信,我们的解释据此展开。

观察计量结果,我们发现,核心解释变量国有职工比重(*Soe*)的系数为正,且在1%的显著性水平上显著。这一结果很好地支持了我们前文的分析。如果一个地区的国有比重越高,则地区出于对国有企业进行隐性补贴的需要,更有动力进行地方保护和市场分割,市场分割越严重。从时序维度来看,由于国企改革的不断推进,各个地区的国有比重在逐渐下降,因此,地区需要进行隐性补贴的对象越来越少,市场分割的情况逐渐得到减缓,市场逐步走向整合。从空间维度来看,越是国有比重高的地区,地区越是落后,其企业竞争力越差,越需要市场保护,因此,市场分割表现出地区间的差异性。此外,我们发现,在利用工具变量法控制掉内生性问题后,政府干预程度(*Gov*)在1%的显著性水平上为正,表明政府干预程度越大,市场分割程度也越大,这一发现和已有的理论研究相吻合,政府干预构成了市场分割的重要原因。财政分权(*Fisde*)的系数为正,且在1%的显著性水平上显著,这充分表明,在中国的财政分权体制下,地方政府为了保护本地资源、市场和税基等而各自为政,形成了"诸侯经济"和"零碎的市场分割",带来市场分割的效率损失。市场规模(*Marscale*)在1%的显著性水平上显著为负,这充分证实了前述的理论。当一个地区的市场容量越大时,本地市场可以容纳更多的企业在同一个市场上进行竞争,而且市场规模促进了本地企业的分工水平和创新能力,使得企业竞争力加强,这些都弱化了本地政府的市场分割动机。对外开放程度(*Open*)在5%的显著性水平上为正,这支持了已有文献(陈敏等,2007;陆铭、陈钊,2009)的研究,说明对外开放有可能使得各个地区牺牲国内贸易。外商直接投资(*Fdi*)的系数为正,但并不显著,这说明外商直接投资对于国内市场分割的影响机制确实较为复杂，一方面，外商直接投资可能通过引入先进的技术、开放的观念和促使地方政府改进其工作效率、提高公共服务水平等缓解市场分割；但另一方面，地方政府在经济激励和政治激励机制下为了争取到更多的外商直接投资，往往也会通过市场分割将外商直接投资锁定在本地区，这反而会加剧市场分割。这两种相反的力量使得其不显著。技术差距（*Tecgap*）的效应不能确定，在已有的文献（陈敏等，2007）的回归结果中，这个指标也不显著，这其中的原因尚且有待进一步的研究。地理距离（*Area*）的结果为负，这和理论预期有些不符，这可能是由于地区间面积增加时，政府采取有效措施进行市场分割的难度越大，从而市场自发的整合力量对地理因素的负面影响进行了部分抵消（陈敏等，2007）。

为了进一步检验结果的稳健性，我们还采取了如下措施进行稳健性检验。首先，我们采集了樊纲等（2010）等报告的"减少商品市场上的地方保护"这一市场化指标作为价格法计算的地区市场分割指数的替代性指标。樊纲等人（2010）采用各地抽样调查样本企业在全国各省市自治区销售产品时遇到的贸易保护措施的调查数据，在《中国市场化指数——各地区市场化相对进程 2009 报告》中编制了 1997—2007 年的"减少商品市场上的地方保护"这一市场化指标。这一指标捕捉到了微观企业在各地产品销售中的实际贸易壁垒，因此，其能够和"价格法"计算的市场分割指数互为补充和印证。由于衡量的是市场化指数，这一指标越高，意味着市场分割程度越低，反之则市场分割程度越高。我们选取 1997—2006 年的省级市场化指数面板数据，在对这一指标进行了计量回归后发现，国有比重对于"减少商品市场上的地方保护"这一市场化指标均在 1%的显著性水平上显著为负，这说明国有比重的确构成了市场分割的重要原因，国有比重越高，地方政府越难减少在商品市场上的地方保护，市场分割程度越大。这说明我们的假说能够得到多项数据的支持，具有较好的稳健性。其次，除了上述所列的回归结果外，我们曾尝试用上述变量控制不同的变量组合，结果发现，就我们关心的核心解释变量 *Soe* 而言，其回归结果都和我们的理论预期相吻合。再次，我们试图利用 *Soe* 的多阶滞后项作为工具变量时，回归结果也符合理论预期，由于结果几乎一致，为了保留更多的样本信息，我们仅报告了滞后二阶的回归结果。最后，我们按照文献中的做法，在剔除了直辖市后进行回归发现，回归结果也符合理论预期。限于篇幅，此处并未报告这些结果。总体来看，各个模型都表明，就我们关心的国有经济对地区市场分割程度的影响来说，上述计量结果支持了前文的理论假说。

5.5

结语

中国地区间广泛存在的市场分割损害了经济的健康发展，并且，这种市场分割在时间和空间上表现出巨大的差异性。人们一直疑惑不解的是，到底什么因素导致了中国地区间的市场分割？本章抓住中国转型中所有制结构转变的特征，试图从国有企业隐性补贴的视角回答这一问题。我们认为，在经济转型的过程中，市场分割扮演了对国有企业进行隐性补贴的角色，一个地区的国有比重越高，市场分割程度越高，反之则市场分割程度越低。通过对中国 1995—2006 年的省级面板数据实证分析表明，地区国有比重对于市场分割程度具有很好的解释力。本章的发现很好地吻合了市场分割在时间和空间上表现出的差异性，也进一步丰富了人们对市场分割和国有企业效率损失的理解。

就中国的实际情形来看,如何打破市场分割,使得各个地区能够顺利地走向全国统一的大市场,一直是社会各界关心的一个大问题。尽管随着改革进程的不断推进,市场分割和地方保护得到了一定程度的遏制,市场也逐渐走向整合,但是不可否认的是,市场分割这一问题依然严重。从本章的角度看,市场分割一定程度上是对国有企业的隐性补贴,如果不能解决国有企业问题,那么市场分割也会持续存在。这一发现为我们治理市场分割提供了一条可行思路:如果要遏制市场分割,则需要从所有制结构的转变入手。而且,从市场整合的观点来看,所有制结构的转变不仅有助于效率的提高,而且能够起到削弱市场分割的作用,带来市场整合收益。

上游垄断、非对称竞争与社会福利：机制 IV*

6.1

引言

面对近年来中国国有企业的发展，一个关心中国改革进程的

* 本章主要内容以“上游垄断、非对称竞争与社会福利——兼论大中型国有企业利润的性质”为题发表于《经济研究》2011 年第 12 期，署名：刘瑞明、石磊。

人一定会产生这样的疑问:为什么一小部分大中型国有企业的利润会如此丰厚,而绝大部分的国有企业却依然无法摆脱亏损的命运?历年的统计数据显示,国资委下属的100多家①大型央企的利润都占到全部国有企业利润的70%左右,如果再加上几家大型金融类央企的利润所占份额,这一小部分大型国企的利润总额几乎接近全部国有企业的利润总额,这意味着其他数量上约占99%的国有企业依然处在微利或亏损状态。并且,不难发现,凡是能够获得巨额利润的企业都是集中在上游市场的大中型国有企业,而处在竞争性行业的国有企业往往亏损或微利。

与一小部分国有企业获得巨额利润相伴的一个事实是,近年来行业差距日益成为收入差距的重要源泉(陈钊等,2010)。伴随着收入分配问题的凸显,大中型国有企业近年来巨额的"利润"究竟是垄断租金还是竞争利润引发了人们的激烈争辩,澄清大中型国有企业利润的性质刻不容缓。进一步的问题是,从全局的视野来看,这种巨额利润是否有利于整体经济的发展,其对民营企业发展和社会福利的影响是什么?

要想回答如上的诸多问题,就必须深入挖掘中国的特定转型背景。随着改革的不断推进,中国经济转型的一个重要方面就是市场结构的转变。改革走到今天,一个可以观察到的事实是,处于下游的产品市场基本实现了竞争,并且由于民营企业的强竞争力,下游市场逐渐为民营企业所主导。但是,在资本、金融、石油、电

① 根据2003年《国务院办公厅关于公布国务院国有资产监督管理委员会履行出资人职责企业名单的通知》,国务院国有资产监督管理委员会履行出资人职责企业名单中共有189家中央企业,之后因为这些央企之间的重组,这一数字一直下降,至2011年11月,根据国资委网站的通告,国资委履行出资人职责的中央企业调整为117户。

力、电信等一部分上游市场领域，国家依然维持了明显的垄断特征，在这些领域，往往是以少数大中型国有企业为核心，维持垄断或者寡头垄断。这种“民营企业主导下游市场竞争，大中型国有企业主导部分上游市场垄断”的事实构成了改革过程中不同所有制企业的“非对称竞争”(asymmetric competition)。

依着如上思路，本章从非对称竞争的视角分析国有企业的垄断地位如何损害了社会福利。本章的任务可以分为两个方面：第一，探索大中型国有企业利润的主要成分，并且结合中国的转型背景解释国有企业利润率的变化；第二，分析该种市场结构对于民营企业的影响及其社会福利后果，从全局的视角考量大中型国有企业利润的得失。通过发展一个简单的产业组织模型，本章发现，如果国有企业与民营企业的边际成本比值不满足盈利条件，则国有企业必然处于亏损状态，而这一条件的满足又取决于市场中企业的数量和所有制结构。减少上游市场国有企业的数量加强了上游市场的垄断加成能力，从而相当于创造了一种隐性税收。就此而言，那些处于上游垄断位置的大中型国有企业的利润事实上是垄断租金，这种行政垄断妨碍了民营企业的发展，损害了社会福利。

本章在纵向一体化模型(Greenhut and Ohta, 1979; Hay and Morris, 1991)的基础上进行拓展研究。本章的边际贡献体现在：第一，从理论的角度看，我们将所有制结构嵌入经典的产业组织理论模型当中，就既有文献而言，这是一次新的尝试，既丰富了已有的理论，又可以帮助我们理解所有制结构变化对于经济的影响；第二，从现象解释的角度看，本章澄清了国有企业盈利的条件，并结合中国经济的转型背景说明了大中型国有企业利润的主要成分；第三，从政策含义的角度看，通过对不同市场结构的分析，本章指出了社会福利改进的可行路径。

本章的结构安排如下：第 6.2 节是本章的基准模型设置；第

6.3 节在基准模型的基础上进行分析和拓展；第 6.4 节进一步说明了“自然垄断”的竞争性内涵和利益集团在改革中的作用；第6.5 节是结语。

6.2

模型

考虑这样一个经济，经济中企业部门的生产由上游部门和下游部门两部分组成。上游部门生产售卖中间产品 A，该产品是下游部门 B 所需的投入，下游部门 B 购买该中间要素投入品，得到最终产品 B。其中，B 的生产必须要有 A 的投入，为简化分析，假定 1 单位的 A 正好用于生产 1 单位的 B。上游部门和下游部门分别有 m 和 n 个竞争的厂商。其中，上游部门中有 m_s 个国有企业和 m_p 个民营企业，$m_s + m_p = m$；下游部门中有 n_s 个国有企业和 n_p 个民营企业，$n_s + n_p = n$。两个市场都进行产量竞争，企业间没有合谋。

我们首先从下游部门 B 开始分析。为简化起见，假设部门中所有同一所有制性质的企业都是相同的，那么有 $Y = n_s y_{sB} + n_p y_{pB}$，其中，$y_{sB}$ 和 y_{pB} 分别代表下游部门 B 中国有企业和民营企业的产出，Y 代表部门 B 的总产出。下游部门的反需求函数为 $P_B = f(Y)$，则部门 B 中企业的利润函数为：

$$\pi_{iB} = P_B y_{iB} - P_A y_{iB} - c_{iB} y_{iB} - F_B \tag{6.1}$$

其中，$i = s$、p，s 和 p 分别代表国有企业和民营企业。P_B 是下游生产的最终产品 B 的价格，P_A 是上游生产的中间要素产品 A

的价格，c_{iB}为企业的边际成本，假定 $c_{pB} < c_{sB}$，① F_B 是企业的固定成本。假定生产的边际成本不变。②

此时，B 部门中企业利润最大化条件为：

$$\frac{d\pi_B}{dy_{iB}} = P_B + y_{iB}\frac{dP_B}{dy_{iB}} - P_A - c_{iB}$$

$$= P_B\left(1 + \frac{y_{iB}}{P_B}\frac{dP_B}{dY}\right) - P_A - c_{iB} = 0 \quad (6.2)$$

其中，$i = s$、p。将 n_s 个国有企业和 n_p 个民营企业的利润最大化条件加总，可以得到部门 B 在利润最大化条件下有：

$$P_B\left(1 - \frac{1}{(n_s + n_p)E_B}\right) = P_A + \frac{n_s c_{sB} + n_p c_{pB}}{n} \quad (6.3)$$

其中，$E_B = -\frac{dY}{dP_B}\frac{P_B}{Y}$ 代表部门 B 产品的需求价格弹性。

根据式(6.3)中的最后一项，可以发现，下游市场中的行业平均成本为 $\bar{c}_B = \frac{n_s c_{sB} + n_p c_{pB}}{n}$，其取决于所有制结构，亦即国有企业和民营企业的相对比重。由于 $c_{pB} < c_{sB}$，因而给定市场中企业的总数目，当国有企业的比重 n_s/n 上升时(这同时意味着民营企业的比重 n_p/n 下降)，$\bar{c}_B$ 上升；而当民营企业的比重 n_p/n 上升时，$\bar{c}_B$ 下降。因此，如果民营企业比重 n_p/n 增加，则会起到降低行业平

① 根据已有文献的认识，国有企业代理链条过长、在承担政策性负担下诱发了道德风险，所以相比于民营企业具有更高的成本。无论从企业绩效角度、代理成本角度，还是从全要素生产率角度来看，这一假设都得到了实证文献的支撑，一个相关的文献综述请参见刘瑞明(2010)。

② 这一假设仅仅出于分析方便考虑，这也是理论推导中一个常见的假设，其并不影响我们结论的稳健性。

均成本的作用。进一步讲，根据式(6.3)，可以推出，给定企业的总数量 n 不变，民营企业比重 n_p/n 的增加会降低产品价格 P_B。在极端情况下，给定其他条件不变，当市场中企业全部为民营企业时，生产成本最低，从而价格最低。

进一步，对式(6.3)整理后求导可知：

$$\frac{\partial P_B}{\partial n_s}<0;\ \frac{\partial P_B}{\partial n_p}<0;\ \frac{\partial P_B}{\partial c_{sB}}>0;\ \frac{\partial P_B}{\partial c_{pB}}>0;\ \frac{\partial P_B}{\partial E_B}<0 \tag{6.4}$$

根据式(6.4)，不难发现，企业数量的增加会对价格的下降产生积极影响，企业成本的上升会提升价格。需求价格弹性越高，则产品价格越低。

根据以上推理，可以得出如下结论：

命题 6.1　在下游市场中，企业数目越少，市场需求弹性越低，价格超过成本的加成越大。给定国有企业(民营企业)数目，民营企业(国有企业)数目的增加能够降低价格。下游市场的产品价格还取决于上游产品的边际成本和价格，上游产品的边际成本和价格越低，则最终产品价格越低。市场价格还依赖于所有制结构，给定市场中的企业数目，当民营企业比重增加时，价格下降。

根据式(6.3)，通过整理可以导出暗含的对于上游中间要素产品 A 的引致需求。由于我们假定 1 单位的 A 刚好用于生产 1 单位的 B，在这种情况下，对产出的度量 Y 同时适用于 A 和 B。产品 A 的需求曲线可以描述为：

$$P_A(Y)=P_B(Y)\left(1-\frac{1}{(n_s+n_p)E_B}\right)-\frac{n_s c_{sB}+n_p c_{pB}}{n} \tag{6.5}$$

在 $MR=MC$ 的条件下：

$$MR_B = P_A(Y) + \frac{n_s c_{sB} + n_p c_{pB}}{n} = P_B(Y)\left(1 - \frac{1}{(n_s + n_p)E_B}\right) \tag{6.6}$$

从而 A 的需求曲线又可以写为：

$$P_A(Y) = MR_B(n) - \frac{n_s c_{sB} + n_p c_{pB}}{n} \tag{6.7}$$

类似地，我们可以得到上游部门 A 中企业的利润函数：

$$\pi_{iA} = P_A y_{iA} - c_{iA} y_{iA} - F_A \tag{6.8}$$

其中，$m_s y_{sA} + m_p y_{pA} = Y$。$c_{iA}$ 是不同所有制企业的边际成本，$i = s$、p。假设 $c_{pA} < c_{sA}$，F_A 则代表 A 部门企业的固定成本。同理，我们在古诺数量寡头竞争的条件下可以解出 A 部门利润最大化条件：

$$P_A\left(1 - \frac{1}{(m_s + m_p)E_A}\right) = \frac{m_s c_{sA} + m_p c_{pA}}{m} \tag{6.9}$$

其中，$E_A = -\dfrac{dY}{dP_A}\dfrac{P_A}{Y}$ 代表部门 A 产品的需求价格弹性。

同样，上游市场的行业平均成本 $\bar{c}_A = \dfrac{m_s c_{sA} + m_p c_{pA}}{m}$ 取决于所有制结构。给定 $c_{pA} < c_{sA}$，在企业总数目不变的情形下，民营企业比重 m_p/m 的增加（这同时意味着国有企业比重下降）会降低行业平均成本。进一步，根据式(6.9)可以推出，给定企业的总数量 m 不变，民营企业比重的增加会降低上游产品价格 P_A。

同前述的逻辑，对式(6.9)进行整理后求导可知：

$$\frac{\partial P_A}{\partial m_s} < 0;\ \frac{\partial P_A}{\partial m_p} < 0;\ \frac{\partial P_A}{\partial c_{sA}} > 0;\ \frac{\partial P_A}{\partial c_{pA}} > 0;\ \frac{\partial P_A}{\partial E_A} < 0 \tag{6.10}$$

由此,我们立即可以得到:

命题 6.2 在上游市场中,企业数目越少,市场需求弹性越低,价格越高。给定国有企业(民营企业)数目,民营企业(国有企业)数目的增加对价格具有负面作用。边际成本越低,则上游中间要素产品价格越低。并且,给定市场中的企业数目,民营企业比重的增加将起到降低价格的作用。

根据式(6.9)可得:

$$P_A=\frac{m_s c_{sA}+m_p c_{pA}}{m\left(1-\frac{1}{(m_s+m_p)E_A}\right)} \tag{6.11}$$

上游市场中国有企业的利润为:

$$(P_A-c_{sA})y_{sA}-F_A=\left[\frac{m_s c_{sA}+m_p c_{pA}}{m\left(1-\frac{1}{(m_s+m_p)E_A}\right)}-c_{sA}\right]y_{sA}-F_A \tag{6.12}$$

所以,上游市场中国有企业盈利的一个关键条件是:

$$\frac{m_s c_{sA}+m_p c_{pA}}{m\left(1-\frac{1}{(m_s+m_p)E_A}\right)}-c_{sA}>\frac{F_A}{y_{sA}} \tag{6.13}$$

上式可以进一步化简为:

$$\frac{m_s c_{sA}+m_p c_{pA}}{m(f_A+c_{sA})}>1-\frac{1}{(m_s+m_p)E_A} \tag{6.14}$$

其中,$f_A=F_A/y_{sA}$,为上游市场中分摊在国有企业单位产品上的固定成本。

式(6.14)左边的部分是不同所有制企业边际成本比值的加权形式,右边的部分是市场中企业的垄断加成能力。从式(6.14)中可以发现,不等式左边的数值越大,该条件越可能被满足,而不等式右边的数值越大,该条件越不可能被满足。为了更清楚地观察到式(6.14)的经济含义,我们考虑没有固定成本的情形(即 $F_A=0$, $f_A=0$)。此时,式(6.14)变为 $\frac{m_s}{m}+\frac{m_p}{m}\frac{c_{pA}}{c_{sA}}>1-\frac{1}{(m_s+m_p)E_A}$。①

由于 $0<\frac{c_{pA}}{c_{sA}}<1$,这意味着民营企业与国有企业比值越接近于1(意味着二者差距越小),不等式左边的数值越大,国有企业盈利的条件越可能被满足。相反,如果市场中企业数目 (m_s+m_p) 越多,那么不等式右边的数值越大。此时,市场中竞争越激烈,垄断加成能力越小,盈利条件越难以被满足。盈利条件要求国有企业与民营企业的边际成本比值足够小(或者民营企业与国有企业的边际成本比值足够大)。如果这一条件不成立,则国有企业会处于不盈利或亏损状态。

类似地,我们可以求出下游市场中国有企业的盈利条件为:

$$\frac{nP_A+n_sc_{sB}+n_pc_{pB}}{n(P_A+f_B+c_{sB})}>1-\frac{1}{(n_s+n_p)E_B} \tag{6.15}$$

其中,$f_B=F_B/y_{sB}$ 为下游市场中分摊在国有企业单位产品上的固定成本。

---

① 此式也可以更为简练地表达为,$\frac{\bar{c}_A}{c_{sA}}>\left(1-\frac{1}{(m_s+m_p)E_A}\right)$,但由于行业平均成本 $\bar{c}_A\ \frac{m_sc_{sA}+m_pc_{pA}}{m}$ 是国有企业与民营企业边际成本的加权平均值,即行业平均成本会随着国有企业边际成本变化而变化,是后者的函数。在这种情况下,探讨国有企业边际成本与行业平均成本的关系不太合适。因此,我们直接推导出国有企业与民营企业边际成本之间的显性关系式,并给出经济解释。

同理,从式(6.15)中可以发现,市场中企业越多,意味着竞争越激烈,从而要求国有企业能够盈利的边际成本越低。也就是说,当更多的企业进入行业竞争时,国有企业要想盈利,必须进一步降低自身的成本,国有企业的边际成本与民营企业的边际成本之间的比值必须足够小。由此可以得出:

命题 6.3 国有企业盈利的条件要求国有企业与民营企业的边际成本比值足够小,这又取决于市场中企业的数量和所有制结构。下游市场中的国有企业是否盈利,不仅依赖于下游市场中企业的数量和所有制结构,还依赖于上游市场中企业的数量和所有制结构。

6.3

模型的拓展和解释:中国的故事

从历史事实观察,中国的市场结构转变大体上需要经历三个大的阶段:第一个阶段是改革前,这一阶段的主要特征是上游市场和下游市场均被国有企业部门垄断;第二个阶段是改革开放以后,下游产品市场逐渐放开竞争,民营企业和国有企业在下游市场进行混合竞争,但部分上游市场保持国有企业的垄断或者寡头垄断;第三个阶段是尚未到来的阶段,这个阶段的特征是上游市场进一步放开竞争,实现混合竞争。以下,我们着重对比三种不同情形下利润分配和社会福利的变化,得出启示性的结论。

6.3-1 上游和下游市场均被国有企业部门垄断:改革前的情形

我们首先刻画改革前的情形,在这一情形中,上游部门和下游部门均为国有企业，而且由于计划经济的特征，各个国有企业之间在市场上缺乏竞争。我们考虑上游部门和下游部门都只存在有限个国有企业的情形，其中，上游部门存在 n_s 个国有企业，下游部门存在 m_s 个国有企业。这时，根据式(6.3)和式(6.9)，两类市场中企业的利润最大化条件分别为：

$$P_B^*\left(1-\frac{1}{n_sE_B}\right)=P_A^*+c_{sB} \tag{6.16}$$

$$P_A^*\left(1-\frac{1}{m_sE_A}\right)=c_{sA} \tag{6.17}$$

根据如上两条件可以推知，此时上游部门和下游部门的国有企业均享有垄断利润。上游部门 A 企业的边际成本为 c_{sA}，定价为 P_A^*，下游部门 B 企业边际成本为 $P_A^*+c_{sB}$，定价为 P_B^*。垄断带来的利润被上下游国有部门所分享。其中，上游部门获得垄断利润 $(P_A^*-c_{sA})Y^*$，下游部门获得垄断利润 $(P_B^*-P_A^*-c_{sB})Y^*$。并且，我们可以看到，给定边际成本，上游企业数目越少，垄断加成定价越高。此时，由于上下游市场均处在垄断的状态下，因此，根据经济学的原理可以推知，与竞争性市场结构相比，这种状态下的马歇尔总剩余(生产者剩余和消费者剩余的加总)较小。而且因为市场中几乎没有民营企业，国有企业的边际成本相对较高，这进一步抬高了价格，导致社会福利损失较为严重。

如上的分析事实上解释了为什么国有企业在改革前会保持盈利。因为在改革前，国有企业的数目在上下游都是较少的。这时，上游市场及下游市场的国有企业均因缺乏竞争，可以实施垄断力量，获得垄断利润。当然，这里需要注意的一个事实是，改革前实施的是计划价格而非市场价格。但是，计划价格确定的一个非常重要的标准是企业的生产成本，而在几乎没有民营企业进入的情况下，国有企业的成本就成为了国家制定计划价格的唯一参考标准，只要制定出来的价格高于国有企业的生产成本，国有企业就会盈利。更何况改革前国有企业的工业产品往往是国家获取“剪刀差”租金的重要来源，其相对价格是非常高的，至于这种巨额垄断利润是如何在国有企业和国家财政之间分配的，则是另外一个问题了。从居民福利的角度看，企业数目少，从而生产能力小，这一方面造成了改革前的“短缺”现象，另一方面，由于物品的短缺，居民需要支付的价格自然较高。从这个角度看，我们就不难理解为什么改革前会出现物资的普遍短缺和人民生活的困苦了。

6.3-2 部分上游市场国企垄断与下游市场混合竞争：改革后的情形

伴随着改革开放，中国企业经历了漫长的改革过程，这一方面是通过引入新兴的民营企业来加强企业间的竞争和市场的供应能力，另一方面则是通过改革国有企业，缩小国有经济规模来增强国有企业的竞争力(Qian and Xu, 1993)。但是竞争主要集中在下游的产品市场，在部分上游市场上，不仅没有加强竞争，反而通过国有企业间的兼并重组减少了国有企业数目。假定此时新进入下游市场的民营企业和由国有企业改制而来的民营企业总数共有 n'_p 个，$n'_p > n_p$，而下游市场中的国有企业下降为 n'_s 个，$n'_s < n_s$，企业总数目变为 $n' > n$。上游市场依然被国有企业所垄断，并且其数目变为 m'_s，$m'_s < m_s$。此时，式(6.3)和式(6.9)的最大化利润条件变化为：

$$P_B^{**}\left(1-\frac{1}{(n'_s+n'_p)E_B}\right)=P_A^{**}+\frac{n'_s c_{sB}+n'_p c_{pB}}{n'} \quad (6.18)$$

$$P_A^{**}\left(1-\frac{1}{m'_s E_A}\right)=c_{sA} \quad (6.19)$$

对比式(6.16)、式(6.18)和式(6.17)、式(6.19)不难发现，此时下游市场上企业数目增多，替代性增强，市场势力变弱，垄断加价变低。而且，此时由于民营企业比重变大，即 $n'_p/n' > n_p/n'$，因此下游市场行业平均成本下降，从而可以推出 $P_B^{**} < P_B^*$。相反，由于上游市场中国有企业的数目变少，上游市场的垄断力量变强，其垄断价格和垄断利润变高。从而容易得知 $P_A^{**} > P_A^*$。

极端地，我们考虑上游市场国有企业完全垄断、下游市场民营企业完全竞争的情形。在此情形下，$\frac{1}{(n'_s + n'_p)E_B} \to 0$，从而 $P_B^{**} = P_A^{**} + c_{pB}$，下游市场中民营企业的利润为 $(P_B^{**} - P_A^{**} - c_{pB})Y^{**} = 0$。而上游市场中的国有企业却可行使垄断力量，获得全部的垄断利润 $(P_A^{**} - c_{sA})Y^{**}$。

由此，我们立刻得到：

命题 6.4 给定国有企业垄断上游市场、下游市场进行混合竞争的情形，上游市场中的国有企业越少，意味着其垄断力量越强，垄断利润越大。减少上游市场中的企业数目能够起到隐性补贴的作用。

命题 6.4 事实上可以解释国有企业利润率的变化。在改革初期，国有企业的亏损情况并不是十分严重，但到了 20 世纪 90 年代以后，出现了国有企业的大面积亏损，甚至全面亏损。国家到 1998 年提出了三年脱困计划，实现“抓大放小”的改革策略，在 2003 年还专门成立了国有资产监督与管理委员会，对那些上游市场的企业进行兼并重组，壮大了上游市场企业的规模，部分大中型国有企业在进入 21 世纪后账面利润非常丰厚。

从以上的分析来看，国有企业在改革开放初期亏损之所以并不是十分严重的原因是，这时民营企业的进入数量较少，市场中企业数目总体较少，而且所有制结构中民营企业的成分不够大，从而垄断加成的力量较大，无论是国有企业还是民营企业都可以获得一定的垄断利润。但是随着改革开放进程的推进，下游产品市场中民营企业的数目和比重不断上升，国有企业中一部分也因为经营不善而倒闭或被改制为民营企业，这时企业数目迅速增加，竞争的激烈程度加剧，国有企业能够生存和盈利的条件不再满足，此时就出现了大面积的亏损。“抓大放小”改革以后，国家将下游市场中的大量中小企业改制为民营企业，而对上游市场的一些大中型企业进一步进行兼并重组，保持寡头垄断或者垄断。这一方面加剧了下游市场的竞争，另一方面增强了上游市场的垄断加成力量，从而导致了国有企业盈利的两极化。处在下游市场的竞争性国有企业依然大面积亏损，但是处在上游市场中的大中型企业，尤其是规模庞大的中央企业，利用对上游要素市场的垄断力量获取了大量的垄断利润。

对比改革前和改革后的两种情况，我们可以发现，维持上游市场垄断事实上扮演了隐性补贴的作用，上游市场中的国有企业之所以能够维持生存并且获取利润，很大程度上是依靠政府对于市场准入的行政限制。这从一个侧面解释了民营企业为什么不能发展壮大：一方面，民营企业会受到限制进入上游市场的歧视；另一方面，下游市场的竞争激烈，微薄的利润使其很难进行规模扩张。

从社会福利的角度看，此时，下游市场价格下降，马歇尔总剩余增加，社会福利较前一种情形有了较大的改善。但是由于上游市场依旧保持了国企垄断，这一方面导致上游市场的行业平均成本依旧较高，另一方面导致上游市场的垄断加成较高，价格也较高。这两方面导致社会福利损失依然严重。此外，由于下游产品的价格也取决于上游产品的价格，因此上游市场的垄断会通过影响下游产品的价格而进一步损害社会福利。

6.3-3 上游市场和下游市场均进行混合竞争:未来设想

既然上游市场垄断事实上作为一种对国有企业的隐性补贴而存在,那么,从改革的进程来看,对于上游市场的进一步放开是否会有利于社会福利的增进呢?我们进一步探求放开上游市场竞争的情形。假定此时上游市场中的民营企业和国有企业的数目分别为n''_p和n''_s个,企业总数目变为$n''>n'$。下游市场引入民营企业并对国有企业进行改革,二者数目变为m''_s和m''_p,且企业总数目$m''>m'$。此时,式(6.3)和式(6.9)的最大化利润条件变化为:

$$P_B^{***}\left(1-\frac{1}{(n''_s+n''_p)E_B}\right)=P_A^{***}+\frac{n''_s c_{sB}+n''_p c_{pB}}{n''} \tag{6.20}$$

$$P_A^{***}\left(1-\frac{1}{(m''_s+m''_p)E_A}\right)=\frac{m''_s c_{sA}+m''_p c_{pA}}{m''} \tag{6.21}$$

对比式(6.18)、式(6.20)和式(6.19)、式(6.21)可以发现,此时下游市场上企业数目进一步增多,替代性增强,市场势力变弱,垄断加价越低。由于民营企业比重进一步变大,即$n''_p/n''>n'_p/n''$,因此下游市场行业平均成本下降,从而可以推出$P_B^{***}<P_B^{**}$。而且,由于在上游市场放开了竞争,上游部门市场势力变弱,从而上游市场的垄断价格和垄断利润下降,容易得知$P_A^{***}<P_A^{**}$。

极端地,我们考虑上游市场民营企业完全竞争、下游市场民营企业完全竞争的情形。在此情形下,$\frac{1}{(n''_s+n''_p)E_B}\rightarrow 0$,从而$P_B^{***}=P_A^{***}+c_{pB}$,利润$(P_B^{***}-P_A^{***}-c_{pB})Q^{***}=0$。而在上游市场上,$\frac{1}{(m''_s+m''_p)E_A}\rightarrow 0$,从而$P_A^{***}=c_{pA}$,利润$(P_A^{***}-c_{sA})Q^{***}=0$。

对比该种情形和上一种情形,我们可以发现,引入上游市场的竞争,可以削弱上游市场的垄断加成,降低上游市场产品的价格

($P_A^{***}<P_A^{**}$)。在放开上游市场前，由上游垄断导致的社会福利净损失可以表示为$\int_{Y^{**}}^{Y^{***}}[P_A(x)-\bar{c}_A]dx$，其中，$Y^{**}$ 和 Y^{***} 分别为上游市场放开竞争前后的产出，$Y^{**}<Y^{***}$，$P_A(\cdot)$ 为反需求函数，$\bar{c}_A$ 为上游市场的行业平均成本。当放开上游市场竞争后，上游产品的价格下降。不难发现，原来由上游垄断所引起的社会福利净损失得到了减弱，由垄断所造成的哈伯格三角形社会福利损失在此时变小甚至消除，马歇尔总剩余增大，这意味着社会福利得到了增进。进一步，由于下游产品的价格 P_B 也随着上游产品价格 P_A 的下降而下降，上游市场放开竞争还能够降低下游市场价格，这也会使社会福利得到增进。所以，上游市场放开竞争能够增加社会福利。由此，可以得出：

命题 6.5 在现有市场结构的基础上，进一步放开上游市场的竞争，将降低上游市场的垄断加成能力，增强上游市场的供给，从而降低上游市场的垄断价格，这对于社会福利具有积极作用。

通过将命题 6.4 和命题 6.5 结合起来，可以进一步解释为什么只有极少数的大中型国有企业获得巨额盈利，而其他大面积的国有企业依然处于微利或亏损状态。这其实是因为，那些盈利的大中型国企往往处于上游市场的垄断位置，能够施行垄断势力，获得垄断利润。①但是，对于绝大多数处于竞争性市场的国有企业而言，由于国有企业本身的诸多弊端，其始终摆脱不了亏损的命运。事实上，在中国的转型过程中，除了通过垄断定价将一部分消费者剩余转变为生产者剩余从而获得垄断利润外，要素市场中的大中型国有企业还通过国家异常低廉的资源要素价格实现了隐性补贴

① 这其中，中石油、中石化、中移动等就是典型例子，根据历年的统计数据，这三家央企的盈利占全部国企盈利的比重接近于 30%。

(张曙光,2010)。①

根据以上分析,保持上游市场的垄断是对这部分大中型国有企业的隐性补贴,其巨额利润事实上是一种垄断租金。就经验证据来看,韩朝华、周晓艳(2009)利用1999—2007年的工业分行业数据进行了实证检验并发现,1999年以来的国有工业利润增长的主要来源不是国有企业的高效率,而是其在部分基础工业领域的垄断地位以及由此而来的定价权势。天则经济研究所(2011)在其最新发布的一份课题报告《国有企业的性质、表现与改革》中更是测算指出,如果从账面财务数据中还原企业的真实成本,并对政府补贴和因行政垄断所致的超额利润予以扣除,2001—2008年间,国有及国有控股企业平均的真实净资产收益率则为−6.2%。亦即国企对外宣称的庞大利润实际上是亏损。这有力支持了我们的理论模型分析。这种通过维持和加强大中型国有企业垄断地位、获取巨额垄断利润的方式,引致了资源配置的低效率和社会福利损失。

6.4

进一步的讨论

依据前文的分析,进一步放开上游市场的竞争对于社会福利的增进具有鲜明的含义,但现实中这一进程显得如此缓慢,甚至有

① 例如,一吨石油7 000多元,国家只收30多元的资源税费,这就大大低估了垄断者的成本,实际上是国家对垄断国企的利益输送,是一种典型的垄断租金(张曙光,2010)。

所倒退。因此,进一步探索上游市场改革动力缺失的原因有着重要的意义。就我们的观察来看,至少存在两条重要原因阻滞了上游市场的改革:一条是政府对于自然垄断理论的理解偏误,另一条则是利益集团的阻挠。

6.4-1 自然垄断的竞争性含义

在一部分上游市场维持垄断的一个最为常见的理由是,这些市场是自然垄断的。在现实中,政府往往对一些具有自然垄断性质的产业进行准入性限制,只允许一家或者少数几家国有企业来经营,达成所谓的“自然垄断”。这使得转型经济中的自然垄断产业具有自然垄断和行政垄断的“二元性”(王俊豪、王建明,2007)。但是这种做法忽略了自然垄断的本来含义①,这是因为:第一,根据自然垄断的定义(Baumol et al., 1982),自然垄断产业的成本次可加性本身就构成了进入壁垒,因此并不需要再添加一层行政壁垒(孟昌,2010),通过政府限制进入而形成的“自然垄断”在本质上是行政垄断;第二,自然垄断理论从来没有规定从事该种生产的必须是国有企业,亦即自然垄断产业所要求的成本次可加性和企业的所有制无关。事实上,正如于良春、于华阳(2004)所指出的那样,现有的自然垄断产业的发展至少存在四种弊端:第一,现实中自然垄断产业已经演变为完全依赖于政府的行政保护;第二,受管制的自然垄断产业产生 X 非效率;第三,为获取垄断地位导致了大量的寻租和福利损失;第四,对自然垄断产业的政府管制往往也是失灵的。

这些现实中存在的弊端促使欧美国家在 20 世纪七八十年代

---

① 有关自然垄断的理论沿革和详细内容,请参见相关文献(Baumol et al., 1982;于良春,2003;王俊豪、周小梅,2004;戚聿东,2009)。

对自然垄断行业进行了大刀阔斧的改革，取得了一系列良好的改革绩效。而且，可竞争性市场理论(Baumol et al.，1982)早已经指出，判断市场是否垄断的依据是市场是否具有可竞争性。只要市场是可竞争的，潜在竞争就会限制在位企业的定价，一旦在位企业定价过高，就会有企业进入，使得利润率下降到竞争水平。所以，只要消除人为的进入壁垒，保持潜在竞争就足以威胁在位企业，使其定价足够低。从这个意义上讲，所有人为限制竞争的垄断都是行政垄断和强权垄断。真正的自然垄断正是产生在竞争的基础上的，因此，有必要在自然垄断产业内引入竞争(王俊豪，1998；王俊豪、周小梅，2004)，让其真正回归“自然”。而且，即便引入竞争会产生沉淀成本和规模不经济，只要这种成本小于由引入竞争带来的收益，那么就仍然有必要在自然垄断产业中引入竞争(于良春、于华阳，2004)。

6.4-2 利益集团的阻滞作用和福利损失

紧接着的一个问题是，既然从理论上讲，自然垄断要求竞争的引入，那么为什么竞争迟迟没有引入？除了理论上的误解和扭曲外，这其中的一个更为现实的因素是利益集团的阻滞。根据前文的分析，上游市场放开竞争将使得这部分国有企业的垄断租金减少甚至消失，而作为既得利益的获得者，这些大中型的国有企业是不可能答应自动退出或者放开竞争的。它们必然会通过种种手段来阻挠上游市场改革，这一方面是通过对“自然垄断”概念的曲解来误导政府和大众，另一方面则是通过对政府的俘获和威胁。从利益集团的俘获来看，由于大中型国有企业拥有非常强大的经济实力，数目较少，因此其联合成本较小，合作能力较强(奥尔森，1995)，在既定体制下，其行政级别也非常高，从而对于政府政策的影响力较强。从威胁的角度看，大中型国有企业的职工众多，而且这些职工都是内部人员，在改革的过程中，政府要考虑到失业所带来的社会稳定问题。邓伟、余建国(2008)指出，由于越来越缺乏其他利益集团的制约，政府倾向于保护这些国有部门的垄断利益。

但是，这种利益集团的阻挠造就了改革中的“食租集团”，带来了巨额的社会福利损失。鉴于这种行政垄断和利益集团带来的巨额损失，一些文献对其损失额度进行了研究。杨骞(2010)估算发现，1998—2008年中国烟草产业行政垄断所造成的社会总成本在15 126.39亿元至26 818.6亿元之间，占GDP的0.867%—1.54%。丁启军、伊淑彪(2008)通过测度认为，2006年11个行政垄断性行业①造成的社会福利净损失为13 246.58亿元，占当年GDP的6.28%，行政垄断所造成的内部生产效率损失、寻租成本和社会福利损失三项加总的总福利损失为30 691.56亿元，占当年GDP的14.55%。许开国(2009)以2006年的数据测度指出，维持现有产出，消除地区性行政垄断可使制造业部门减少11.8%—29.2%的投入。于良春、张伟(2010)测算发现，电力、电信、石油及铁路等四个典型的行政垄断行业在2006年所造成的效率损失达2.4万亿元，而且损失额有逐年递增的趋势。无论从何种角度看，这种行政垄断带来的社会福利损失都是非常严重的，必须加以遏制。

① 在其文章中，这11个行政垄断性行业分别为：石油和天然气开采业，烟草制品业，电力、热力的生产和供应业，煤炭开采和洗选业，石油加工、炼焦及核燃料加工业，燃气生产和供应业，铁路运输业，电信和其他信息传输服务业，银行业。

6.5

结语:尚且艰难的改革

中国近年来大中型国有企业的巨额利润到底是垄断租金还是竞争利润？本章从产业组织的视角为解开这一谜题提供了一个可行的思路。通过一个简单的模型分析,本章澄清了国有企业盈利的条件,研究发现,维持大中型国有企业在部分上游市场的垄断,相当于给这部分企业一种隐性的财政补贴。就此而言,部分上游市场中的大中型国有企业巨额利润事实上是一种垄断租金。在此基础上,本章进一步探究了自然垄断的竞争性含义,并指出利益集团的阻挠作用和由此带来的福利损失。本章发现,大中型国有企业的巨额垄断利润不利于整体经济发展和社会福利。

本章的发现对当前的经济改革具有一定的启示作用。从本章的角度看,中国经济必须从如下几个方面着手进行改革:第一,保持国有企业在上游市场的垄断掩盖了国有企业的低效率特征,这种行政垄断导致的巨额“利润”对整体经济发展而言无异于饮鸩止渴。因此,在上游市场上必须放开竞争,自然垄断行业必须通过竞争回归到“自然”。第二,既然大中型国有企业的巨额利润是由部分上游垄断所引起的,那么,在国家社保基金匮乏、财政风险加大、全民性公共福利支出较少的背景下,国家向这部分国有企业收缴的利润分红比例必须进一步提升,从而充实社保基金、加大全民性公共福利支出,通过再分配的形式实现“取之于民,用之于民”。

所有制结构、增长差异与地区差距：机制V*

7.1

引言

中国地区间的差距日益严重并构成经济发展的阻滞因素。现

* 本章主要内容以“所有制结构、增长差异与地区差距：历史因素影响了增长轨迹吗?”为题发表于《经济研究》2011年青年论坛专辑。

有的文献从各个方面对地区差距的形成原因进行了大量探讨(Démurger et al., 2002; Jian et al., 1996; Chen and Fleisher, 1996;Fleisher and Chen, 1997;王小鲁、樊纲,2004;刘夏明等,2004;石磊、高帆,2006;Fleisher et al., 2010),但是对于历史因素如何影响地区发展轨迹的问题,我们依然知之甚少。从对中国经济现实的观察发现,一些既定的历史因素在经济发展的过程中扮演了重要作用。我们需要提出的问题是,这些历史因素如何影响了地区的发展轨迹,其是否构成了地区经济差距的原因?进一步,中国在走向地区平衡的道路上,需要什么样的政策手段?

中国的地区差距形成有两个背景:一是中国的地区差距是在由计划向市场的转型过程中形成和扩大的,而从计划向市场转型的一项重要内容是所有制结构的转变,因此所有制结构是一个研究地区差距的重要因素;二是中国地区间的差距事实上和地区的公共服务紧密相关,因为各种要素的分布很大程度上是根据公共服务的质量进行调整的。虽然已有的文献已经注意到所有制结构的影响,但是这些文献都只是关注不同所有制企业的效率带来的直接效率差异。到底是什么决定了地区拥有不同的所有制企业,其是否通过公共服务的提供间接地影响地区发展;这些问题我们尚无明确的答案。基于此,本章将历史因素锁定在所有制禀赋方面,着重考察所有制结构的初始禀赋如何通过增长差异导致了地区差距,并在此基础上提出经济收敛的政策建议。

本章在Cai和Treisman(2005)的基础上,通过一个简易的拓展模型来说明,地区间经济增长事实上存在这样一个现象:由于经济转型和市场化,那些过去遗留下来的众多国有企业在转型的过程中成了地区发展的包袱。包袱越重,市场化进程越慢,从而经济增长也越慢。而且,由于市场化的极化效应,原来落后的地区因为不能有效提供公共服务,在要素吸引的过程中处于劣势,而那些国有比重小的地区却可以通过提供良好的公共服务吸引各种影响增长的要素，最终导致了增长的差距。从这个角度，本章发现初始的所有制结构禀赋是地区差距的另一种重要源泉。这一发现有利于帮助解决如何缩小地区差距的问题。从本章的角度看，"经济收敛"需要"所有制结构的收敛"。我们同时指出，中西部地区过高的国有比重既是"劣势"又是"优势"，通过所有制结构的转变可以让"劣势"变为"优势"，实现经济上的追赶。因此，坚定不移地进行国企改革是缩小地区差距的有力途径。

本章的剩余部分安排如下：第 7.2 节综述相关文献；第 7.3 节通过一个简易的模型说明增长差异的形成和地区差距的扩大；第 7.4 节是经验验证；第 7.5 节是结语。

7.2

文献述评

就地区差距的成因而言，一部分文献从外生的政策因素进行了探索。林毅夫等（2002，2003）指出，在重工业优先发展的赶超战略下，中西部省区由于对比较优势的违背比东部地区更严重，因而其经济增长绩效相对较差，这是地区差距形成的重要原因。除了赶超型发展战略外，中央对各个地方所实施的倾斜性政策和不平衡的发展战略也是地区经济发展不平衡的一个重要原因（Yao and Zhang，2001；Démurger et al.，2002；Jian et al.，1996；Chen and Fleisher，1996；Fleisher and Chen，1997；林毅夫等，1998）。发展战略和政策倾斜说颇富洞见，但是其难以进一步解释的是，随着赶超战略的逐步放弃和西部大开发等政策的实施，为什么地区差距依然会扩大？其间一定还隐藏着尚未探明的地区差距内生扩大的因素。本章则从所有制结构的角度分析指出，由于市场竞争中极化效应的存在，即使外生的政策因素偏向于落后地区，发达地区原来累积的地区优势在极化效应下还是会继续导致地区差距的扩大。

经济发展需要依靠要素的投入，因此，各类要素的丰裕程度在一定程度上决定着地区经济差距。学界从人力资本分布的差异（李国平、范红忠，2003；蔡昉、都阳，2000；Wang and Yao，2003；Fleisher et al.，2010）、金融发展的不平衡（周立、胡鞍钢，2002；张军、金煜，2006）、外商直接投资规模的差异（Lee，1995；Dayal-Gulati and Husain，2000）等视角考察了要素分布差异对于地区差距的影响。除此之外，学界还讨论了经济结构变化对于地区差距的影响，认为工业化和城市化发展程度的不同导致了地区差距的扩大（石磊、高帆，2006；范剑勇、朱国林，2002；范剑勇，2004；王小鲁、樊纲，2004）。但是，要素分布差异说和结构变化差异说更多地是在陈述地区差距的事实，什么因素影响了要素分布和结构变化才是更为重要的问题，其背后的原因和机理也需要进一步深究。本章给出了所有制结构如何通过影响公共服务，进而影响要素分布和结构变化的内在机制。

由于中国的地区差距主要集中在东中西三大区域之间，因此地理条件的影响也备受关注。一些文献指出，除了改革开放步伐的不同和中央的优惠政策外，经济绩效的差异应在很大程度上归因于各地地理位置和基础设施禀赋的差异（Démurger et al.，2002；Bao et al.，2002；Chen and Fleisher，1996；Fleisher and Chen，1997）。并且，由于地理条件和优惠政策的互相促进，内生累积的因果效应使得“扩散效应”和“联动效应”的作用并未有效发挥（Brun，et al.，2002；Fu，2004），地区差距不断扩大。地理集聚和内生累积因果论的认识固然重要，但是一方面，地理条件本身是不变的，而地区差距却在不断变化，因此，要解释地区差距的变化，需要进一步挖掘和地理条件相关的其他因素；另一方面，一旦我们将认识局限于此，将无益于问题的解决，因为“地理”这个因素是“天生”的，人们几乎不可能通过改变现有地理结构的方式来促进平衡。我们需要探寻的是，哪些因素是我们在现实中真正可能改变的。本章则从初始所有制结构禀赋的角度给出了地区差距的另一种解释；相比于地理决定论，这一发现更具有政策操作性。

和我们的视角最为接近的是探索体制环境差异和市场制度发育方面的文献。这类文献往往从转型时期不同所有制结构企业的效率差异出发指出，非国有经济的成长是促进我国地区经济增长的主要原因，沿海地区的快速发展得益于非国有企业的兴起，而中西部地区因为过多的国有企业阻碍了经济发展（田晓文，1999；Chen and Feng，2000；樊纲、王小鲁、朱恒鹏，2003；孙海刚，2007；蔡昉、王德文，2002）。因此，地区差距的一个重要源泉是体制环境的差异和市场制度发育程度的不同。这一理论蕴含了极为深刻的洞见，和现实也比较吻合。但一个值得进一步深究的问题是，为什么同样是在改革开放的大背景下，各个地区的市场化水平会出现如此巨大的差异？是什么导致了市场化水平的差异？刘瑞明、石磊（2010）发现，由于软预算约束的存在，国有经济存量会拖累民营企业的发展，存量越多，拖累效应越严重。因此，当一个地区的初始国有比重过高时，由于拖累效应的存在，后续年份的市场化水平就越低。在市场竞争的极化效应下，这种初始所有制结构禀赋的不同导致了各个地区增长的差异，而增长差异的长期累积构成了地区差距的重要源泉。

与已有文献不同，我们一方面考察初始所有制结构禀赋因素在地区差距形成过程中的作用，另一方面考察市场化过程中竞争的力量如何在其中加以体现。如果我们将不同地区比作不同的小孩,这就好比在问,不同的家庭背景是如何影响他们的人生轨迹的,我们应该采取什么样的手段缩小这种发展差距。在既有的文献中,Cai 和 Treisman(2005)是一篇极富洞见的文章,他们分析了全球化过程中竞争是否约束了政府行为,指出当地区之间存在技术水平和要素禀赋差距时,资本市场竞争将可能导致政府行为的两极化,发达地区会使资本和基础设施良性互动,而不发达地区将会采取"破罐子破摔"的策略。但就中国的问题而言,我们需要进一步追问的问题是,这种初始的禀赋到底是什么,有哪些?哪些是可以改变的,哪些是难以改变的?本章在 Cai 和 Treisman(2005)的基础上,通过一个拓展的模型来说明,所有制结构如何影响了地区增长差异并导致发展差距,这一理论有效地将内生性解释和外生性解释结合起来,进而弥补现有文献的认识不足,形成对现有文献的拓展和深化。

7.3

模型与推论

考虑这样一个经济,经济中存在两个地区 1 和 2,用 i 来表示第 i 个地区,每一个地区都有一个政府 G_i。地区 i 中企业的数量标准化为 1,其中,国有企业 s 的比重为 η_i,民营企业 p 的比重为 $1-\eta_i$。经济中总共存在 K 单位的资本和 L 单位的劳动,令 k_i 和 l_i 分别代表第 i 个地区的资本和劳动量。假定地区 i 中国有企业和民营企业的产出函数分别为:

$$y_{is} = A_{is}k_{is}^{\alpha}l_{is}^{\beta}g_i^{\gamma} \tag{7.1}$$

$$y_{ip} = A_{ip} k_{ip}^{\alpha} l_{ip}^{\beta} g_i^{\gamma} \tag{7.2}$$

其中，y_{ij}代表地区i企业j的产出，$i = 1, 2$；$j = s, p$；A_{ij}代表企业的生产效率，k_{ij}和l_{ij}分别代表地区i企业j的资本和劳动投入量，g_i代表政府对于公共服务的投资，其会影响生产率的改善。假定$\alpha, \beta, \gamma > 0$，且$\alpha + \beta + \gamma < 1$，这表明经济中还可能存在其他的生产要素，例如自然资源等。由于民营企业的生产率高于国有企业，因此，假定$A_{ip} > A_{is}$，A_{ip}与A_{is}之差代表了民营企业和国有企业的效率差距。由于地区i中存在国有企业和民营企业的比重分别为η_i和$1 - \eta_i$，所以地区i的总产出为：

$$Y_i = \eta_i A_{is} k_{is}^{\alpha} l_{is}^{\beta} g_i^{\gamma} + (1 - \eta_i) A_{ip} k_{ip}^{\alpha} l_{ip}^{\beta} g_i^{\gamma} \tag{7.3}$$

由于我们着重考察要素在各个地区间的竞争，因此，在保持其他条件不变的情况下，假定各个企业的规模相同，我们可以进一步将地区的生产函数转化为更为精练的形式：

$$Y_i = A_i k_i^{\alpha} l_i^{\beta} g_i^{\gamma} \tag{7.4}$$

其中，$A_i = A_{ip} + \eta_i (A_{ip} - A_{is})$，为方便分析，进一步令$A_{isp} = A_{ip} - A_{is}$。

假定地方政府i的目标函数为：

$$U_i = (1 - t_i) Y_i + \delta c_i \tag{7.5}$$

其中，t_i是对i地区企业征收的税率，为简化起见，我们假定税率对于地区内不同所有制性质的企业是相同的，c_i是公共消费。其受约束于：

$$g_i + c_i = t_i Y_i \tag{7.6}$$

其中，g_i代表政府i提供的公共服务。

在市场经济中，资本和劳动均可自由流动，资本流动的法则为

$(1-t_i)\dfrac{\partial Y_i}{\partial k_i}=r$，$r$ 表示利率，劳动配置的法则为 $(1-t_i)\dfrac{\partial Y_i}{\partial l_i}=w$，$w$ 表示工资。则分别有，

$$k_i=\left(\frac{1}{r}(1-t_i)\alpha A_i l_i^{\beta} g_i^{\gamma}\right)^{1/(1-\alpha)},\ l_i=\left(\frac{1}{w}(1-t_i)\beta A_i k_i^{\alpha} g_i^{\gamma}\right)^{1/(1-\beta)} \tag{7.7}$$

进一步，可以得到，

$$\frac{\partial k_i}{\partial g_i}>0,\ \frac{\partial l_i}{\partial g_i}>0,\ \frac{\partial k_i}{\partial A_i}>0,\ \frac{\partial l_i}{\partial A_i}>0 \tag{7.8}$$

式(7.8)说明了劳动与资本由落后地区向发达地区双重转移现象的原因。当一个地区的企业效率越高、公共服务越好时，其会吸引更多的劳动和资本，从而促进地区经济发展。从现实来看，这也正是东西部地区差距的重要原因，东部地区因为提供了更好的公共服务，故其不仅吸引了更多的资本，也吸引了大量高素质的劳动。而中西部地区则由于公共服务较差在这一竞争中处于劣势。

给定 r 和 w，G_i 选择 g_i 以最大化约束条件下的收益，可以得出最优的一阶条件：

$$\frac{\partial Y_i}{\partial g_i}+\frac{\partial Y_i}{\partial k_i}\frac{\partial k_i}{\partial g_i}+\frac{\partial Y_i}{\partial l_i}\frac{\partial l_i}{\partial g_i}=\tau \tag{7.9}$$

其中，$\tau=\delta/[1+(\delta-1)t_i]$，代表政府公共服务的机会成本。可以看出，公共投入不仅直接影响产出，而且通过对资本和劳动的间接作用影响产出。此时，最优的公共服务投入为：

$$g_i=\left(\frac{1-\alpha\beta}{(1-\alpha)(1-\beta)}\right)^{\frac{1}{1-\gamma}}\left(\frac{1}{\tau}\gamma A_i k_{ip}^{\alpha} l_{ip}^{\beta}\right)^{\frac{1}{1-\gamma}} \tag{7.10}$$

将各式代入后可以进一步求出最优的公共服务、资本和劳动投入量：

$$g_i = \left[B\frac{1}{\tau}\gamma A_i\right]^{\frac{1}{(1-\alpha-\beta-\gamma)}},\ l_i = [CA_i]^{\frac{1}{1-\alpha-\beta-\gamma}},\ k_i = [DA_i]^{\frac{1}{1-\alpha-\beta-\gamma}} \tag{7.11}$$

其中，$B = \left(\frac{1-\alpha\beta}{(1-\alpha)(1-\beta)}\right)^{1-\alpha-\beta}\left[\frac{1}{w}(1-t)\beta\right]^{\alpha+\beta}\left(\frac{w}{r}\right)^{\alpha}$，$C = \left[\frac{1}{w}(1-t)\beta\right]^{1-\gamma}\left(\frac{1-\alpha\beta}{(1-\alpha)(1-\beta)}\right)^{\gamma}\left(\frac{1}{\tau}\gamma\right)^{\gamma}\left(\frac{w}{r}\right)^{\alpha}$，$D=\left[\frac{1}{w}(1-t)\beta\right]^{1-\gamma}\left(\frac{1-\alpha\beta}{(1-\alpha)(1-\beta)}\right)^{\gamma}\left(\frac{1}{\tau}\gamma\right)^{\gamma}\left(\frac{w}{r}\right)^{1-\beta-\gamma}$。

根据市场出清条件，有 $\sum \eta_i k_{is} + \sum (1-\eta_i) k_{ip} = K$，$\sum \eta_i l_{is} + \sum (1-\eta_i) l_{ip} = L$，进一步易知，

$$\frac{g_1}{g_2} = \frac{k_1}{k_2} = \frac{l_1}{l_2} = \left(\frac{A_1}{A_2}\right)^{1/(1-\alpha-\beta-\gamma)} \tag{7.12}$$

式(7.12)显示，地区公共服务、资本和劳动的投入取决于地区的平均效率之比，而地区的平均效率随着国有企业比重的增加而下降，$\partial A_i/\partial \eta_i < 0$，所以，当一个地区的初始国有比重较高时，其在公共服务投入、资本和劳动竞争方面处于劣势。如果这种效率不能改进，则会影响到以后的发展，在与发达地区的竞争过程中甚至出现"破罐子破摔"的恶性循环。基于此，我们有：

命题 7.1 一个地区的初始所有制结构对于地区效率具有重要作用，初始国有比重越高，平均效率越低，从而公共服务投入越低，能够吸引到的资本和劳动要素越少，经济增长相应也越慢。地区初始所有制结构对后续年份的经济增长具有负效应。

进一步，我们根据式(7.4)和式(7.12)，可以得出：

$$\frac{\partial Y_i^2}{\partial g_i \partial A_i} > 0,\ \frac{\partial Y_i^2}{\partial g_i \partial k_i} > 0,\ \frac{\partial Y_i^2}{\partial g_i \partial l_i} > 0,$$

$$\frac{\partial Y_i^2}{\partial A_i \partial l_i} > 0, \frac{\partial Y_i^2}{\partial A_i \partial k_i} > 0 \tag{7.13}$$

又因为$\partial A_i/\partial \eta_i < 0$,所以当地区国有企业比重越高时,地区企业平均效率 A_i越低,反之则 A_i 越高。如果国有企业比重 η_i 下降,则可以通过直接和间接两个方面带动平均效率 A_i和公共服务的提高,进而带动经济增长。根据(7.8)式,$\partial k_i/\partial A_i > 0$, $\partial l_i/\partial A_i > 0$, A_i的提高对地区要素(资本 k_i和劳动 l_i)的吸引均有正面影响,因此,地区平均效率的提高将直接增强地区的要素竞争力,从而促进地区经济增长。此外,根据(7.10)式有 $\partial g_i/\partial A_i > 0$,这意味着 A_i的提高也促使地区加强其公共服务投资 g_i,而根据(7.8)式,$\partial k_i/\partial g_i > 0$, $\partial l_i/\partial g_i > 0$,公共服务投资也会增强地区的要素竞争力,因此,地区平均效率的提高也可以间接地促进地区公共服务投资,吸引资本和劳动等要素,共同促进地区经济的发展。并且可以看出,国有比重下降得越快,则这种对经济增长的直接和间接促进效应越明显。因此,我们可以得到:

命题 7.2 所有制结构决定的地区企业效率参数与各种要素投入共同促进了经济增长。当一个地区国有企业比重下降时,可以带动地区企业平均效率 A_i 的提高,进而促进地区公共服务投资,吸引资本和劳动,共同促进地区经济的发展。国有比重下降得越快,则这种对经济增长的促进效应越明显。

7.4

经验验证

7.4-1 实证检验的方法和策略

根据前述理论,我们着重关注两个问题:第一,各个地区的初始所有制结构作为历史因素影响了地区的发展轨迹吗？第二，所有制结构的转变是否会促进地区经济增长？由于第一个问题涉及长期经济增长，与地区间的"经济收敛"有关，因此，我们根据前述模型，并结合经济收敛的实证文献（沈坤荣、马俊，2002；等）构建相关的检验方程。因此，针对第一个问题，我们提出如下检验方程：

$$Y_{it,\,t-1} = C + \beta_1 \cdot Soe_{i-1985} + \beta_2 \cdot Lnpgdp_{i-1985} + \sum_j \alpha_j \cdot Control_{i-1985} + \mu_{it} \qquad (7.14)$$

其中，$Y_{it,\,t-1}$是第 i 地区第 $t-1$ 期至第 t 期平均经济增长率，我们分别计算了各个地区 5 年、10 年、15 年、20 年和 24 年的平均增长率数据，Soe_{i-1985} 和 $Lnpgdp_{i-1985}$ 分别代表各个地区初始年份 1985 年的国有比重和人均 GDP 对数值，*Control* 是一系列控制变量，μ 是残差项。

第二个问题涉及短期增长，当期增长率更多地取决于本期要素的投入和变化，因此，针对第二个问题，我们提出如下检验方程：

$$Y_{it} = C + \beta_1 \cdot Soer_{it} + \sum_j \alpha_j \cdot Control + \alpha_i + \mu_{it} \qquad (7.15)$$

其中，Y_{it} 是被解释变量，代表地区当年经济增长率，下标 i 和 t（$t = 1985, \cdots, 2008$）分别代表第 i 个省份和第 t 年，*Soer* 代表国有投资比重的增长率。*Control* 是一系列控制变量，α_i 表示采取固定效应时各地区有一个不随时间变化的效应，μ 是残差项。为了确定在固定效应（FE）模型还是随机效应（RE）模型之间选择哪个更为合适，我们还利用 Hausman 检验进行了计量检验，各检验结果支持采取固定效应模型。

我们在分析的过程中还考虑了内生性问题。Arellano 和 Bond（1991）提出了差分广义矩估计法（DIF-GMM）来处理动态面板数据模型中的内生性问题。其基本思路是先进行一阶差分以去掉固定效应的影响，然后用一组滞后的解释变量作为差分方程中相应变量的工具变量。然而，DIF-GMM 估计量较易受弱工具变量的影响而产生向下的大的有限样本偏差。为了克服这一问题，Blundell 和 Bond（1998）提出了系统广义矩方法（SYS-GMM）。SYS-GMM 估计量结合了差分方程和水平方程，此外还增加了一组滞后的差分变量作为水平方程相应变量的工具。相对来说，SYS-GMM 估计量具有更好的有限样本性质，是目前解决联立内生性问题的较有效方法。因此，本章利用系统广义矩估计(SYS-GMM)分析法进行研究。SYS-GMM 估计的有效性依赖于模型中工具变量选取的有效性及残差的差分项不存在高阶序列相关的假定，因此在本章中我们通过 Sargan 过度识别检验和残差序列相关检验来进行判断。结果表明，SYS-GMM 二步估计比一步估计更有效。所以，我们采用 SYS-GMM 二步法进行估计。

7.4-2　变量和数据

根据我们的研究目的，我们重点关注国有经济比重与地区长期增长和短期增长的关系，由于地区经济增长还受到其他经济变量的作用，我们将这些变量作为控制变量引入。详细的变量设置如下表 7.1 所示。

表 7.1　数据与变量定义

变量名称	变量含义	计算方法
$AVRegdp$	地区平均 GDP 增长率	各个地区 5 年、10 年、15 年、20 年、24 年 GDP 平均增长率
$Regdp$	地区 GDP 增长率	（地区国内生产总值指数－100）/100
Soe_{i-1985}	初始国有经济比重	1985 年地区国有经济固定资产投资额/1985 年地区经济固定资产投资额

续表

变量名称	变量含义	计算方法
Soer	国有经济比重增长率	地区当年国有投资比重/地区上年国有投资比重－1
$Lnpgdp_{i-1985}$	初始人均收入对数值	各地区 1985 年人均收入对数值
Gov	政府消费比重	地方政府消费额/地区国内生产总值
Fdi	外商直接投资水平	地区实际利用外商直接投资/地区国内生产总值
Ubr	城市化率	地区城镇人口数/地区总人口数
Industry	工业化程度	地区工业产值/地区国内生产总值
Edu	教育水平	普通高等学校在校人数/地区总人口
Loan	金融发展程度	地区年末贷款余额/地区国内生产总值
Open	开放程度	地区进出口总额/地区国内生产总值

(1) 被解释变量。地区平均经济增长率(*AVRegdp*):为了度量长期经济增长,验证初始所有制结构是否影响了增长轨迹,我们计算了各个地区 5 年、10 年、15 年、20 年、24 年平均增长率,分别代表 1985—1989 年、1985—1994 年、1985—1999 年、1985—2004 年、1985—2008 年的平均增长率。

地区当年经济增长率(*Regdp*):为了验证所有制结构的变革是否会带动地区经济增长,我们也计算了地区当年经济增长率,计算方法为"(地区国内生产总值指数－100)/100"。

(2) 核心解释变量。初始国有投资比重(Soe_{i-1985}):该指标用以反映地区初始国有投资比重,按照文献通常的做法,我们通过计算"地区国有经济固定资产投资额/地区经济固定资产投资额"来加以度量。我们将 1985 年定为初始年份,这一方面是出于数据可得性的考虑,另一方面则是由于我们重点关注所有制改革进程和市场的极化效应在地区差距形成中的作用。在 1985 年之前,中国的改革主要集中在农村,从 1985 年开始,改革的重心从农村转移到城市,企业改革开始大力推进,并且价格逐渐放开,市场经济的效应逐渐体现。根据理论分析,我们预期该指标对长期经济增长有负面作用。

国有投资比重增长率(*Soer*):该指标用以度量一个地区国有投资比重的增长率,计算公式为"地区当年国有投资比重/地区上年国有投资比重-1",由于地区国有投资比重总体是下降的,这一指标的数据均值为负(均值为-0.029 2),因此,其事实上衡量了国有投资比重的下降率。根据命题7.2,我们预期该指标对地区当年经济增长的作用显著为负。

(3) 控制变量。初始人均收入对数值($Lnpgdp_{i-1985}$):根据增长理论,初始人均收入对后期经济增长具有一定的作用,通常用其捕捉经济收敛情况。如果$\beta_2<0$,则意味着区域经济表现为收敛;如果$\beta_2>0$,则意味着区域经济表现为发散。

政府消费比重(*Gov*):根据发展战略论(林毅夫等,2002,2003),在过去的经济发展过程中,政府扮演了极其重要的角色,政府的行为会影响到经济增长,因此,我们按照文献通常的做法,用"地方政府消费额/地区国内生产总值"计算得到政府消费比重,用以衡量政府对经济的干预程度。

外商直接投资水平(*Fdi*):根据要素分布论,外商直接投资对地区经济产生了较大的影响(Lee, 1995; Dayal-Gulati and Husain, 2000),因此我们通过计算"地区实际利用外商直接投资/地区国内生产总值"来度量地区外商直接投资水平。

城市化率(*Ubr*):根据结构变化论(王小鲁、樊纲,2004;等),中国的经济发展同时伴随着城镇化的进程,这也会对地区经济增长产生影响,因此,我们用"地区城镇人口数/地区总人口数"计算得到城市化率,用该指标度量城镇化对经济增长的影响。其中,按照统计年鉴的定义,城镇人口是指居住在城镇范围内的全部常住人口。

工业化程度(*Industry*):根据结构变化论(范剑勇、朱国林,

2002;范剑勇,2004;石磊、高帆,2006)的研究,工业化构成了地区经济增长差异的重要原因,因此,我们通过计算“地区工业产值/地区国内生产总值”得到相关度量指标。

教育水平(*Edu*):一个地区的人口素质或者人力资本也会影响到地区的经济增长(李国平等,2003;蔡昉、都阳,2000;Wang and Yao, 2001; Fleisher et al., 2010),因此,我们通过 *Edu* 来对此加以反映。计算公式为“地区普通高等学校在校人数/地区总人口”。

金融发展程度(*Loan*):根据要素分布论(周立、胡鞍钢,2002;张军、金煜,2006),各个地区的金融发展也会影响到地区的经济增长,因此,我们通过计算“地区年末贷款余额/地区国内生产总值”来度量地区金融发展程度。

开放程度(*Open*):各个地区的对外开放程度往往也会对地区经济增长产生重要影响(Chen and Feng, 2000),按照文献通常的做法,我们也计算了“地区进出口总额/地区国内生产总值”用以度量对外开放程度。

本章的数据涵盖了 1985 年至 2008 年中国内地 29 个省级地区(省、直辖市、自治区)①,但是由于部分数据缺失,故这一数据是非平衡面板数据(unbalanced panel data)。所有原始数据都来源于《新中国六十年统计资料汇编》、《新中国五十五年统计资料汇编》、《新中国五十年统计资料汇编》、各年《中国统计年鉴》和各省份历年《统计公报》。地区实际利用外商投资数额和地区进出口总额的原始数据单位为美元,我们通过各年中间汇率进行了相应换算。

7.4-3 结果和解释

我们首先验证初始国有比重对于地区长期经济增长的影响,在回归的过程中控制了其他变量的初始值,回归结果见表 7.2。我们

① 由于重庆和西藏部分数据严重缺失,我们未考虑这两个地区。

表 7.2　初始所有制结构对平均增长率的计量结果

被解释变量	5 年平均增长率	10 年平均增长率	15 年平均增长率	20 年平均增长率	24 年平均增长率
解释变量	(1)	(2)	(3)	(4)	(5)
Soe_{i-1985}	−0.062	−0.073**	−0.088***	−0.073***	−0.068***
	(−1.463)	(−2.635)	(−4.175)	(−4.483)	(−4.257)
$Lnpgdp_{i-1985}$	−0.004	0.014	0.020	0.022**	0.022***
	(−0.172)	(0.835)	(1.573)	(2.160)	(2.194)
Gov_{i-1985}	0.101	0.002	−0.008	−0.002	0.006
	(0.879)	(0.031)	(−0.132)	(−0.034)	(0.130)
$Fdir_{i-1985}$	1.066	0.921**	0.847**	0.672**	0.532**
	(1.641)	(2.149)	(2.622)	(2.669)	(2.165)
$Industry_{i-1985}$	0.000	−0.001	−0.000	−0.000	−0.000
	(0.617)	(−1.311)	(−1.049)	(−0.849)	(−0.955)
$Loan_{i-1985}$	−0.026	−0.004	−0.010	−0.004	−0.000
	(−0.630)	(−0.138)	(−0.480)	(−0.265)	(−0.031)
Edu_{i-1985}	−0.960	−2.058	−1.800	−1.986	−2.023
	(−0.267)	(−0.868)	(−1.007)	(−1.426)	(−1.487)
$Open_{i-1985}$	0.048	0.072	0.039	0.021	0.016
	(0.543)	(1.233)	(0.901)	(0.613)	(0.490)
常数项	0.149	0.067	0.036	0.009	0.011
	(0.975)	(0.664)	(0.471)	(0.146)	(0.195)
R^2	0.272	0.618	0.717	0.736	0.696
R^2_a	−0.019	0.466	0.604	0.631	0.574
N	29	29	29	29	29
F	0.935	4.048	6.339	6.980	5.720

注：(1) 5 年、10 年、15 年、20 年、24 年平均增长率分别为 1985—1989 年、1985—1994 年、1985—1999 年、1985—2004 年、1985—2008 年的平均增长率；(2) 括号内为 t 值；(3) *，**，*** 分别表示显著性水平为 10%，5%和 1%；(4) R^2_a 表示调整后的 R^2；(5) 各解释变量均为 1985 年数值，由于北京、河北、内蒙古、湖北四个地区 1985 年 *Fdi* 数据缺失，为避免损失过多观测值，根据各省数据拥有情况，分别根据 1987 年（北京、河北）和 1986 年数值（内蒙古、湖北）进行补充，海南 1985 年 open 数据缺失，根据 1986 年数据补充。

发现，在各个回归方程中，初始国有比重对于后续年份的平均增长率的作用为负，而且除了第一列的结果不显著外，其他方程中 Soe_{i-1985} 均显著为负，这初步印证了我们的猜想。并且，可以发现，随着年份的增加，显著程度也在增加，比如当被解释变量为5年平均增长率时，初始国有比重不显著，而当被解释变量为10年平均增长率时，国有投资比重 Soe 在5%的水平下显著，当被解释变量为15、20和24年平均增长率时，显著性水平均在1%以下。而且，随着后续年份的增加，回归的可决系数 R^2 在不断增大，说明对于长期经济增长，初始所有制结构的解释力越来越强。这一结果有力支持了我们的猜想，初始国有比重对长期经济增长产生了显著的负面影响。事实上，从中国各个地区的发展情况来看，这一结果也是符合现实的。在从计划到市场的转型过程中，庞大的无效率国有经济对经济增长具有明显的拖累效应（刘瑞明、石磊，2010），其在一定程度上构成了各个地区发展的包袱，包袱越重，发展越慢。从这个视角，我们可以理解为什么东西部的差距会如此之大，这部分地是因为东西部初始所有制结构禀赋的差异所导致的。至于为什么显著程度和解释力度会随着时间跨度的增加而增加，也是非常容易理解的。这就好比两个人赛跑，一个人的包袱重，一个人的包袱轻，刚开始跑第一圈、第二圈时两个人的差距不是太大，因为总的里程较短，各自体力的消耗也较少，但是随着时间的增加，跑的圈数越多，包袱轻的人比包袱重的人要跑得快得多（跑得快慢可以理解为增长差异），之间的距离也会越来越大（距离拉大可以理解为地区差距）。这也正是为什么随着时间跨度的增加，显著程度和解释力度都在增加的重要原因。具体来说，东部地区因为初始的国有比重较低，承受的包袱较轻，从而经济增长较快，而中西部地区因为初始的国有比重过高，承受的包袱过重，从而经济增长较慢。在改革开放的初期，这种差距虽然存在，但是并不是太过显著，因为各个地区总的发展程度是有限的。但是随着时间跨度的拉长，中西部地区因为过重的包袱不能有效提供公共服务吸引要素以引致增长，东部地区则轻装上阵，利用优质的公共服务在要素竞争中不断进步，地区之间的增长差异越来越大。

现在我们关心的是，相对落后的中西部地区是否可以通过“放下包袱，轻装前进”的战略实现经济上的追赶。这也是我们第二个命题的含义。为了验证这一思想，我们重点关注国有投资比重增长率(*Soer*)对地区当年经济增长的影响。如果 *Soer* 呈现显著的负效应，就验证了我们的想法，说明国有投资比重下降的越快，地区可以获得更快的增长。这就意味着国有比重相对过高的中西部地区可以通过降低国有比重的方式取得比东部更快的增长，从而实现地区经济的平衡。我们将采用固定效应模型得到的计量结果列在表 7.3 中。

表 7.3　固定效应模型的计量结果

被解释变量	地区当年经济增长率(*Regdp*)			
解释变量	(1)	(2)	(3)	(4)
Soer	−0.107***	−0.089***	−0.036*	−0.035*
	(−5.724)	(−4.659)	(−1.948)	(−1.935)
Gov		0.082	−0.016	−0.015
		(1.522)	(−0.280)	(−0.273)
Fdi		0.530***	0.553***	0.579***
		(9.236)	(10.588)	(10.162)
Ubr		0.025	−0.008	−0.008
		(1.535)	(−0.531)	(−0.505)
Industry			0.001***	0.001***
			(4.168)	(3.737)
Loan			−0.034***	−0.033***
			(−4.557)	(−4.261)

续表

被解释变量	地区当年经济增长率(*Regdp*)			
解释变量	(1)	(2)	(3)	(4)
Edu			2.655***	2.759***
			(7.982)	(7.085)
Open				−0.005
				(−0.581)
常数值	0.095***	0.057***	0.042**	0.043**
	(58.689)	(5.984)	(2.176)	(2.126)
R^2(within)	0.049	0.203	0.354	0.359
F 检验值	32.762	35.529	43.361	38.676
Hausman 检验值(*p* 值)	4.12	23.02	47.00	50.21
	(0.043)	(0.000)	(0.000)	(0.000)
观测值 *N*	667	591	590	589
备注	FE	FE	FE	FE

注:(1)括号中的数字为 *t* 值;(2)*,**,*** 分别表示显著性水平为 10%,5%和 1%;(3)FE 估计的 Hausman 检验的零假说是 FE 与 RE 估计系数无系统性差异,IV-FE 的 Hausman 检验的零假说是 IV-FE 与 FE(RE)无系统性差异。

在表 7.3 中,(1)—(4)列是固定效应模型回归结果。Hausman 检验表明,采用固定效应模型是适当的。观察表 7.3 中的计量结果,不难发现,对于各个回归方程而言,我们所关心的核心解释变量国有投资比重增长率(*Soer*)均显著为负。在单独利用 *Soer* 对地区经济增长率 *Regdp* 回归时发现,这一指标在 1%的显著性水平下显著为负,加入更多的控制变量虽然引起显著度的下降,但依然保持在 10%的显著性水平下显著为负。这初步证实了我们的猜想,国有投资比重增长率对于地区经济增长具有显著的负面影响。随着改革进程的不断推进,国有投资比重不断下降,因此,从数值上看,国有投资比重增长率均值为负(均值为−0.029 2),

这进一步印证了前文的理论推断,国有投资比重的下降会导致地区经济增长率的上升(也可以表述为国有投资比重的上升会降低地区经济增长率)。而且由于 *Soer* 度量了投资比重下降的速度,可以推断,下降的速度越快,增长的速度也越快。观察各个控制变量,我们进一步发现,政府消费比重度量的政府干预程度对于经济增长的作用为负,但是并不在可接受的水平上显著,这可能是由于统计年鉴中政府消费部分既包含公共服务支出又包含了其他政府消费,无法有效分解,因此,这一指标的效应有正有负,难以确定整体效果。但是,外商直接投资 *Fdir* 对地区经济增长的作用显著为正,这进一步印证了已有文献的研究结论。在测度结构转变的指标中,城市化率 *Ubr* 的作用不能确定,工业化程度 *Industry* 能够对经济增长产生显著的正面影响。与直觉相反的一个结果是,地区贷款余额比重 *Loan* 的作用显著为负,这可能和中国特殊的转型背景相关,因为按照已有理论的研究,中国的信贷具有非常明显的金融抑制和所有制歧视特征(刘瑞明,2011),虽然非国有部门对中国 GDP 的贡献超过了 70%,但是它在过去十几年里获得的银行正式贷款却不到 20%,其余的 80%以上都流向了低效率的国有部门(卢峰、姚洋,2004),在这种情形下,其对经济增长的作用为负也就不难理解。教育水平 *Edu* 对经济增长的作用显著为正,这也进一步印证了已有文献的研究结论。开放程度 *Open* 的作用为负,这说明过度的对外开放有可能对经济增长产生不利影响。

为了克服潜在的内生性问题,我们还运用系统广义矩方法(SYS-GMM)进行了估计,估计结果列在表 7.4 中。对序列相关检验的指标 AR(1)和 AR(2)说明,一阶序列相关但二阶序列不相关,这与模型的要求相符合。采用系统广义矩两步法估计后,工具变量过度识别检验的 p 值均为 1,接受工具变量有效的原假设。对表 7.4 中的计量结果观察发现,国有投资比重的增长率(*Soer*)

表 7.4 SYS-GMM 的计量结果

被解释变量	地区经济增长率(*Regdp*)			
解释变量	(1)	(2)	(3)	(4)
L. regdp	0.545***	0.478***	0.296***	0.281***
	(20.959)	(22.346)	(6.396)	(4.564)
Soer	−0.088***	−0.067***	−0.022**	−0.026***
	(−10.945)	(−9.105)	(−2.298)	(−2.910)
Gov		0.054	−0.144	−0.206
		(1.092)	(−1.268)	(−1.312)
Fdi		0.318***	0.552***	0.569***
		(10.272)	(8.585)	(11.794)
Ubr		0.036**	−0.009	−0.011
		(2.280)	(−0.409)	(−0.566)
Industry			0.002***	0.002***
			(3.107)	(2.843)
Loan			−0.018**	−0.016**
			(−2.457)	(−1.989)
Edu			2.452***	2.784***
			(4.233)	(3.116)
Open				−0.018***
				(−3.856)
常数项	0.042***	0.017*	0.005	0.006
	(15.291)	(1.816)	(0.199)	(0.202)
AR(1)	0.001 3	0.002 8	0.002 1	0.003 0
AR(2)	0.551 0	0.825 4	0.499 2	0.596 8
Sargan	1.000 0	1.000 0	1.000 0	1.000 0
观测值 *N*	667	591	590	589
备注	SYS-GMM	SYS-GMM	SYS-GMM	SYS-GMM

注:(1)括号中的数字为 t 值;(2) *, **, *** 分别表示显著性水平为 10%, 5%和 1%;(3)AR(1)和 AR(2)分别代表一阶和二阶序列相关的 p 值;(4)Sargan 是工具变量过度识别检验的 p 值。

均在1%或5%的显著性水平下显著为负，这进一步验证了我们的观点，说明国有投资比重下降得越快，地区经济增长得越快。此外，上年的经济增长率 *L. regdp* 对当年经济增长率具有显著的正面影响，说明历史上发展较好的地区会有更好的增长空间，进一步验证了我们的逻辑。其他变量的符号和显著性都与表7.3中固定效应模型的估计结果基本一致，这说明模型结论具有较强的稳健性。

根据对表7.2、7.3、7.4中计量结果的分析，我们可以发现，初始的国有投资比重对于后续年份的经济增长具有显著的负面效应，而且，随着时间跨度的拉长，显著度和解释力均有所提高，这说明初始国有比重的确对地区长期经济增长产生了负面影响，这初步证实了第一个命题。国有投资比重的增长速度和地区经济增长呈显著负相关，由于国有投资比重呈现不断下降的趋势，这也意味着国有投资比重下降的速度越快，经济增长越快，反之则经济增长越慢；这与我们的第二个命题的含义相符。总体来看，就我们关心的两个核心问题而言，如上的计量结果初步支持了前述理论。

7.5

结语

如何缩小中国各地区的经济差距，使得中国走上一条平衡发展的道路，是所有人关心的一个重大问题。学界也就此展开了大量研究，然而在历史因素如何型塑了各个地区的增长轨迹方面，我们依然所知甚少。本章抓住中国市场化转型的背景,从所有制结构出发理解中国地区差距的形成,研究发现,初始国有比重在预知增长轨迹方面扮演了重要作用,初始国有比重越高,地区后期经济增长率越低,反之则经济增长率越高。在市场化进程中,这种由所有制结构决定的效率差距在"极化效应"的作用下进一步加剧了地区差距。经验证据显示,地区国有比重下降得越快,则经济增长越快。这一发现为中国地区间的平衡发展提供了可行思路:"经济收敛"需要各个地区"所有制结构的收敛"。

就中国的实际情况而言,地区间的差距集中体现在东中西三大区域之间。虽然在过去的30余年里三大区域的国有比重都在不断的下降,但国有比重的区域差距依然非常明显。根据国家统计局公布的数据计算,截止到2008年,东中西三大地区国有投资比重分别为29.3%、32.5%和43.8%,国有职工占城镇职工人数比重分别为45.5%、63.4%和69.5%。这种巨大的所有制结构差距事实上构成了地区差距的重要原因,中西部地区要想追赶东部发达地区,必须实现所有制结构的巨大转变。从这一角度看,既有的所有制结构对于中西部落后地区既是"劣势"又是"优势"。说过高的国有比重是"劣势",是因为这会显著地降低经济效率。但它同时也是一个"优势",因为如果能适当地调整所有制结构,降低国有比重,则地区可以实现更为迅速的增长。这就好比成绩好、成绩差的两个小孩,成绩差的小孩的劣势在于之前的基础差,会影响后期的学习,但成绩差的小孩的优势在于其进步的空间大,如果转变学习策略,则其进步会非常明显。因此,中西部地区要想实现从"差生"到"优生"的转变,一个重要的任务就是转变现有的所有制结构。

7.6 附录

附表 7.1 各地区平均经济增长率数据

地 区	5 年平均增长率	10 年平均增长率	15 年平均增长率	20 年平均增长率	24 年平均增长率
北 京	0.084 6	0.080 7	0.087 333	0.090 45	0.094 917
天 津	0.071 6	0.066 5	0.084 133	0.092 75	0.102 667
河 北	0.110 8	0.099 7	0.107 067	0.103 85	0.107 25
山 西	0.073 8	0.079 1	0.082 133	0.089 55	0.094 25
内蒙古	0.105 4	0.090 2	0.090 533	0.095 1	0.112 083
辽 宁	0.120 6	0.093 4	0.090 333	0.090 5	0.097 792
吉 林	0.136 8	0.096 6	0.095 667	0.094 7	0.103 583
黑龙江	0.057 6	0.057 4	0.066 933	0.072 85	0.080 5
上 海	0.084 2	0.083 9	0.097 933	0.099 1	0.102 208
江 苏	0.107 6	0.109 8	0.115 467	0.112 9	0.117 667
浙 江	0.134 8	0.125 6	0.128 6	0.123 4	0.124 292
安 徽	0.09	0.079 9	0.096 867	0.092 3	0.098 167
江 西	0.091	0.084 6	0.084 6	0.086 6	0.093 292
山 东	0.088 4	0.110 8	0.115 467	0.114 15	0.118 625
河 南	0.124 2	0.099	0.102 133	0.098 2	0.104 875
湖 北	0.084 8	0.097 3	0.104 133	0.098 05	0.103 875
湖 南	0.077	0.071 2	0.079 267	0.080 75	0.088 583
广 东	0.139 4	0.138 9	0.131	0.122 9	0.124 583
广 西	0.068 4	0.085 6	0.087 667	0.085 65	0.094 167
海 南	0.100 6	0.125 5	0.102 333	0.098 4	0.101 708
四 川	0.069 8	0.073 8	0.081 133	0.084 6	0.091 167
贵 州	0.077 6	0.067 3	0.068 133	0.072 4	0.079 958
云 南	0.103 8	0.086	0.086 6	0.081 55	0.086 458
陕 西	0.132 6	0.098 6	0.093 667	0.092 3	0.100 083
甘 肃	0.106 6	0.085 7	0.084 4	0.084 55	0.089 5
青 海	0.066 8	0.052 8	0.058 6	0.067 3	0.076 75
宁 夏	0.095 4	0.070 9	0.071 8	0.076 05	0.083 583
新 疆	0.098 4	0.091 4	0.085 8	0.082 55	0.087 583

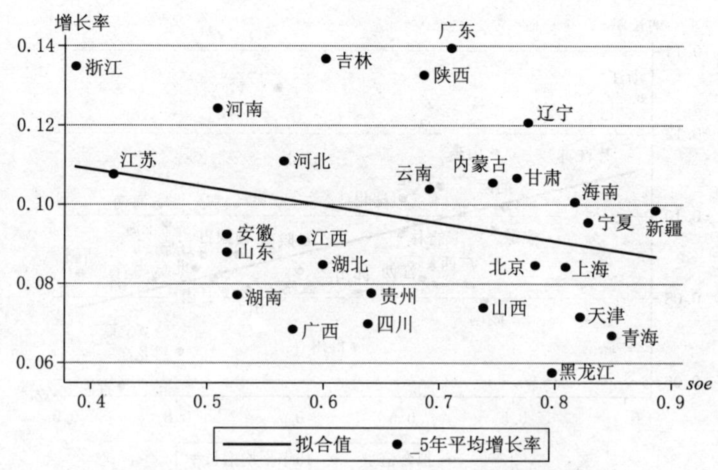

附图 1　初始国有经济比重 *soe* 与各地区 5 年平均增长率的散点图与拟合线

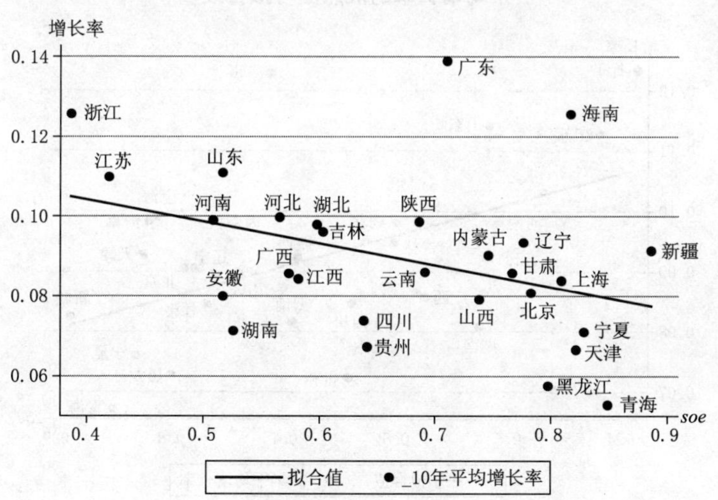

附图 2　初始国有经济比重 *soe* 与各地区 10 年平均增长率的散点图与拟合线

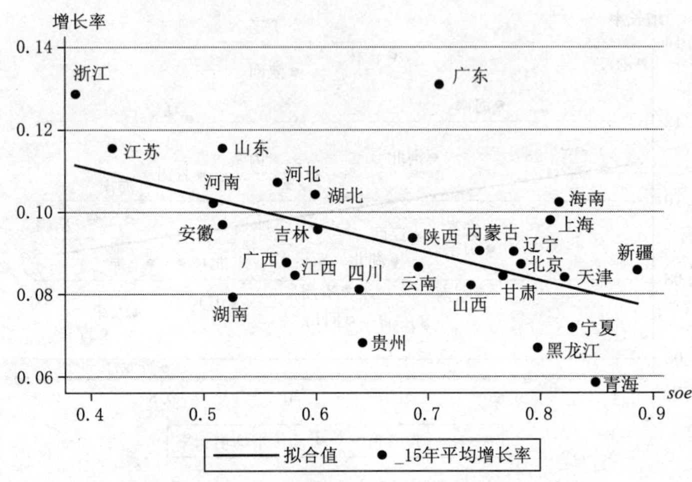

附图 3　初始国有经济比重 *soe* 与各地区 15 年平均增长率的散点图与拟合线

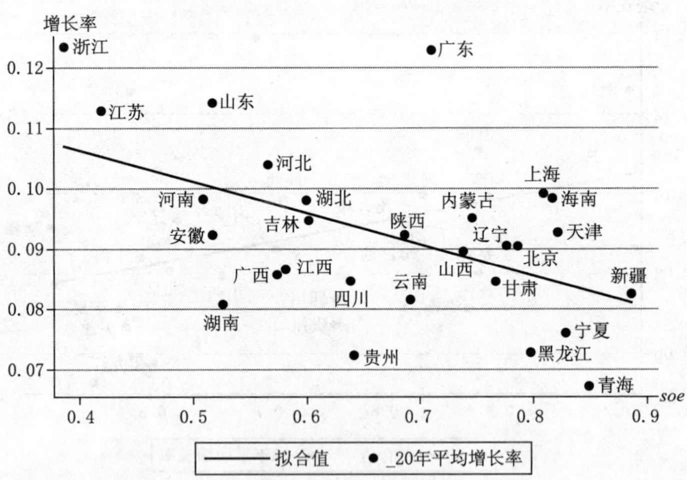

附图 4　初始国有经济比重 *soe* 与各地区 20 年平均增长率的散点图与拟合线

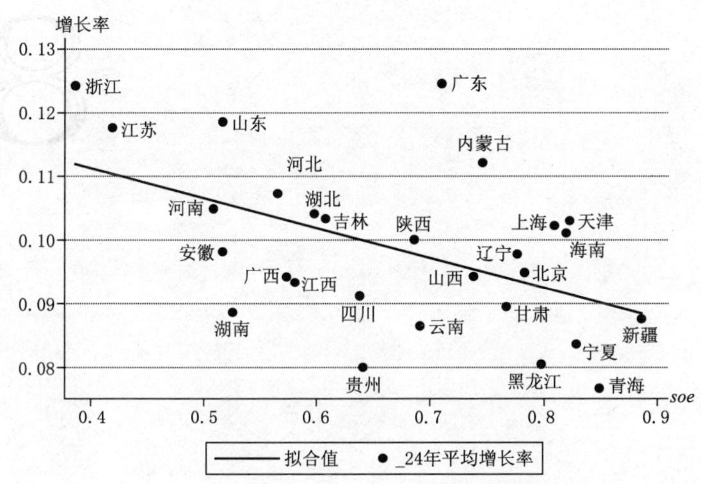

附图 5　初始国有经济比重 *soe* 与各地区 24 年平均增长率的散点图与拟合线

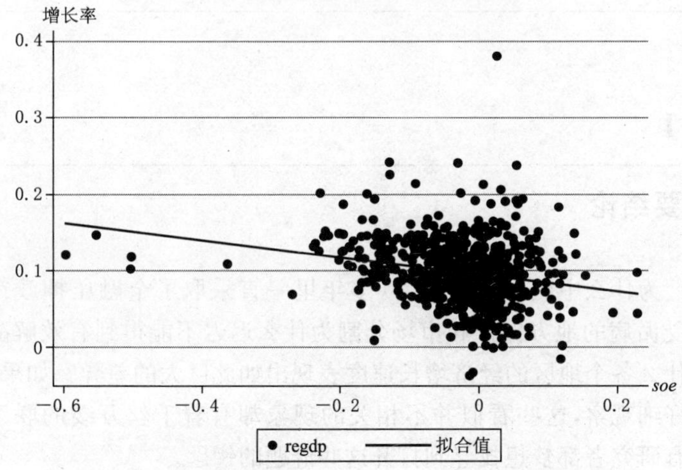

附图 6　国有投资比重增长率 *Soer* 与地区经济增长率的散点图与拟合线(1985—2008 年分省面板数据)

结论

8.1

主要结论

为什么中国在过去的30多年里一直采取了金融压抑政策？广受诟病的地方保护和市场分割为什么迟迟不能得到有效解决？为什么各个地区的经济增长速度表现出如此巨大的差异？如果我们仔细观察，这些看似并不相关的现象却有着千丝万缕的联系。所有研究者都梦想找寻到打开这些谜题的钥匙。

本书试图通过抓住中国所有制结构转变这一特征，来回答如上提出的诸多问题。通过这样一项研究，我们试图为理解中国经济中的诸多现象提供一个逻辑一致的解释。本书的主旨在于回答“国有企业如何拖累了经济增长”这一问题。为达到这一目的,我们基于事实观察梳理出国有企业拖累经济增长的五条途径:第一,软预算约束下的国有企业会发生道德风险,导致效率低下,并挤出税收和公共服务,从而使得民营企业发展受到拖累,最终损害整体经济发展。第二,为了对低效率的国有企业进行隐性补贴,从而维持其生存,实行了损害经济增长的金融压抑和所有制歧视政策。第三,地方保护和市场分割也扮演了国企隐性补贴的作用,国有企业比重越高的地方,出于地方企业利益的考虑,地方政府很可能出台种种措施以对地方国有企业施行地方保护,从而地方保护和市场分割的程度相应地也越大。第四,政府通过维持上游要素市场的垄断补贴国有企业,加大上游要素市场的垄断力量和加成定价,上游要素市场中的国有企业垄断地位妨碍了经济增长。第五,在向市场化转型的过程中,地区的所有制结构禀赋有可能令初始国有比重较高的地区陷入历史锁定效应,而令初始国有比重较低的地区快速发展,出现极化效应并导致地区差距不断扩大。

通过对这五条途径的梳理和研究,我们认为,所有制结构在整个国民经济运行中扮演了极其重要的角色。在国有企业本身效率低下的条件下,其通过财政补贴、金融压抑、所有制歧视、市场分割和要素垄断等途径损害了民营企业的发展,最终拖累了整体的经济增长。

8.2

本书不足之处和未来的研究方向

虽然本书从多个角度分析了“国有企业如何拖累了经济增长”

这一问题，对于拓展人们的认识和重新理解国有企业的效率损失具有一些积极作用；但是，客观来讲，本书也存在以下不足之处。第一，本书所构建的模型得到的是局部均衡解，事实上，在我们所阐述的各项机制之间可能存在内在的联系，因此，如何在一个一般均衡框架下进一步分析，得到更为全面深刻的认识可能是未来需要进一步深入讨论的方向。第二，尽管本书在各章写作的过程中都试图为文章假说提供验证，并且试图用工具变量方法克服潜在的内生性问题，但是由于数据的限制，完全消除内生性问题显得较为困难，因此，进一步寻找更为适当的数据和方法验证前文假说构成了下一步的工作。第三，本书的研究更多地注重于经济增长这一主题，而对经济增长质量方面的探索相对较少，例如没有深入研究国有企业与地区创新能力，国有企业与单位 GDP 能源消耗系数，及国有企业与收入分配之间的关系，这需要在将来进一步研究。

尽管人们对于国有企业效率的认识已经相当深入，但是就现实观察来看，我们依然需要在许多方面进一步的探究。这些探究包括如下方面。第一，进一步沿着国有企业宏观效率损失的方向展开研究，比如，我们应该认识到国有企业如何抬高了行业进入壁垒，如何在退出的过程中形成种种阻挠，国有企业是否损害了一个地区的创新能力，围绕这些方面研究都可以深化我们的理解。第二，现有文献更多的关注效率和增长方面的经济效应，而忽略了就业、公平、法制等方面的社会目标。如何进一步认识国有企业的社会效益可能是未来探索的一个重要方面。比如，国有企业如何影响收入分配的内在机制的探索和验证，国有企业影响腐败和法制公平的内在机理。第三，如何发展一个包含微观经济基础的宏观模型对经济发展模式加以刻画。尤其是将所有制结构效应嵌入到内生经济增长模型当中，发展更为坚实而具有解释力的理论模型构成了未来的研究方向。

8.3

政策建议:通过国企改革带动整个经济改革

在本书的写作即将结束时,中国经济的发展态势较为严峻,民营经济的投资渠道在不断地被堵塞。一些长期以来存在的顽疾依然没有得到有效的消除和根治,金融领域的压抑和所有制歧视现象依然严重,地方保护和市场分割如影随形,要素市场的行政垄断则表现出有增无减的态势。所有这些都在阻碍着经济的健康发展,也构成了中国经济发展头上的"紧箍咒",如何破解这一个个"紧箍咒",是人们共同关心的一个问题。

我们的研究为解决如上的种种问题提供了一个明确的思路。通过一系列的研究,我们认为,所有制结构在整个国民经济运行中扮演了极其重要的角色。在国有企业本身效率低下的条件下,其通过财政补贴、金融压抑、所有制歧视、市场分割和要素垄断等途径损害了民营企业的发展,从而最终损害整体的经济增长。就此而言,我们的政策含义非常鲜明,要想实现健康快速的经济发展,必须坚定不移地进行国企改革。而且,从我们的角度看,进行国企改革不仅仅只是起到效率提升的作用,而是通过国企改革带动整个经济的改革和发展。通过国企改革,至少可以起到如下积极作用。

第一,国企改革一方面可以提高企业的效率,另一方面则可以减弱软预算约束的程度,从而少挤出一些公共服务,这为民营经济和整体经济的发展创造有利空间。

第二，由于金融压抑和所有制歧视的根源在于庞大的国有经济拖累，因此，进一步实行国企改革可以为放松金融管制创造有利的条件，并带来经济增长。

第三，因为市场分割扮演了对国有企业进行隐性补贴的角色，如果不能解决国有企业问题，那么市场分割也会持续存在。因此，所有制结构的转变还可以起到遏制市场分割的作用，带来市场整合收益。

第四，上游要素市场中国有大型企业的垄断相当于征收了产品市场企业的隐性税收，其巨额利润事实上是一种隐性补贴和垄断租金。因此，放开上游要素市场竞争和进一步提升国有大中型企业收缴的利润分红比例对于社会福利的增进具有积极作用。

第五，通过所有制结构的转变换可以促进经济的平衡发展。中西部地区过高的国有比重虽然在经济效率方面构成了“劣势”，但它同时也是一个“优势”。因为如果能够适当地调整所有制结构，降低国有比重，则地区可以实现更为迅速的增长。

就改革的认识来看，我们的研究还为理解中国经济的走向提供了另一个思路。鉴于过去30余年改革的经验，人们原本以为通过“增量改革”的方式，新增的民营经济的“外部”力量最终会对原有的僵化而缺乏效率的“内部”体制进行整合，最终实现市场化的改革。然而，近年来的“国进民退”现象却令人们对此种改革思路有着越来越多的质疑，这种“以外推内”的改革方式正在逐渐丧失其应有的动力。“增量改革”的一个潜在前提是，存量不会影响增量，但是我们在研究中指出，效率低下的国有企业对于经济增长具有一种拖累机制，因此，存量在一定程度上决定了增量。如果不能对国有经济这个“存量”进行有效改革，那么，“增量”的增幅就会受到限制，出现“存量不改，增量难增”的现象。依照这样一条思路，我们认为，改革不仅仅要从“增量改革”入手，还要从“存量改革”

入手。

但是,我们同时需要指出的是,对于国企改革的"存量改革"必须建立在公平、公正、公开的基础上,否则也会滑入腐败的改革陷阱。对于存量改革的一个潜在顾虑是,一旦对于国有企业的"改制"由内部人掌控,那么改制也可能会为腐败提供温床,为改革留下后遗症。因此,在存量改革的过程中,必须要设计公开、公平、公正的改制机制,让外部竞争者可以参与进来,在透明的竞争机制下遏制腐败的罪恶之手,有效推进国有企业改革。

所有这些发现都为回答近年来争论不断的"国退民进"还是"民退国进"的问题提供了依据,也为中国未来的经济改革走向提供了思路。根据我们的研究,在国有企业效率低下的前提下,坚定不移地在公平、公开、公正的透明机制下进行国企改革是一条必然之路。而且,从本书分析来看,进行国企改革不仅仅只是起到效率提升的作用,还可以为放松金融管制、消除市场分割、削弱要素垄断和平衡地区经济发展创造有利的条件,实现经济增长的良性发展。我们所能给出的指向性导引是:中国要想顺利实现向成熟市场经济的过渡,就必须以国企改革为中心,带动整体的经济改革和发展。

参考文献

Arellano, M. and S. Bond, 1991, "Some Tests of Specification for Panel Data: Monte Carlo Evidence and an Application to Employment Equations", *Review of Economic Sudies*, 58, 277—297.

Aziz, J. and C. Duenwald, 2002, "Growth-Financial Intermediation Nexus in China", *IMF Working Paper*.

Bai, C., Yingjuan Du, Zhigang Tao and Sarah Y. Tong, 2004, "Local Protection and Regional Specialization: Evidence from China's Industries", *Journal of International Economics*, 63, 397—417.

Bai, C., D. Li and Y. Wang, 1997, "Enterprise Productivity and Efficiency: When Is Up Really Down", *Journal of Compara-*

tive Economics, 24, 265—280.

Bai, C. and L. C. Xu, 2005, "Incentives for CEOs with Multitasks: Evidence from Chinese State-owned Enterprises", *Journal of Comparative Economics*, 33, 517—539.

Bai, C. and Y. Wang, 1998, "Bureaucratic Control and the Soft Budget Constraint", *Journal of Comparative Economics*, 26, 41—61.

Bao, S. M., G. H. Chang, J. D. Sachs and W. T. Woo, 2002, "Geographic Factors and China's Regional Development under Market Reforms, 1978—1998", *China Economic Review*, 13, 89—111.

Baumol, W. J., 1982, "Contestable Markets: An Uprising in the Theory of Industry Structure", *American Economic Review*, 72(1), 1—15.

Baumol, W. J., J. Panzar and R. Willing, 1982, *Contestable Markets and the Theory of Industrial Structure*, New York: Harcourt Brace Jovanovich.

Beck, T., R. Levine and N. Loayza, 2000, "Finance and Sources of Growth", *Journal of Financial Economics*, 58(1—2), 261—300.

Blundell, R. and S. Bond, 1998, "Initial Conditions and Moments Restrictions in Dynamic Panel Data Models", *Journal of Econometrics*, 87, 115—143.

Brandt, L., Chang-Tai Hsieh, and X. D. Zhu, 2008, *Growth and Structural Transformation in China's Great Economic Transformation*, Loren Brandt and Thomas G. Rawski eds., HK: Cambridge University Press, 683—728.

Brandt, L. and H. B. Li, 2003, "Bank Discrimination in Transition Economies: Ideology, Information, or Incentives", *Journal of Comparative Economics*, 31(3), 387—413.

Brandt, L., Biesebroeck, Johannes and Yifan Zhang, 2009, "Creative Accounting or Creative Destruction? Firm-level Productivity Growth in Chinese Manufacturing", *NBER Working Paper*, No. 15152.

Brun, J. F., J. L. Combes and M. F. Renard., 2002, "Are There Spillover Effects between Coastal and Noncoastal Regions in China?", *China Economic Review*, 13, 161—169.

Cai, Hongbin and Daniel Treisman, 2005, "Does Competition for Capital Discipline Governments? Decentralization, Globalization, and Public Policy", *American Economic Review*, 95(3), 817—830.

Chen, K., H. Wang, Y. Zheng, G. Jefferson and T. Rawski, 1988, "Productivity Change in Chinese Industry: 1953—1985", *Journal of Comparative Economics*, 12, 570—591.

Chen, B. Z. and Y. Feng, 2000, "Determinants of Economic Growth in China: Private Enterprise, Education and Openness", *China Economic Review*, 11(1), 1—15.

Chen, J. and B. M. Fleisher, 1996, "Regional Income Inequality and Economic Growth in China", *Journal of Comparative Economics*, 22, 141—164.

Cremer, H., M. Marchand and J. Thisse, 1991, "Mixed Oligopoly with Differentiated Products", *International Journal of Industrial Organization*, 9, 43—53.

Cremer, H., M. Marchand and J. Thisse., 1989, "The Public

Firm as an Instrument for Regulating an Oligopolistic Market", *Oxford Economic Papers*, 41, 283—301.

Cull, R. and L. Xu, 2003, "Who gets Credit? The Behavior of Bureaucrats and State Banks in Allocating Credit to Chinese State-owned Enterprises", *Journal of Development Economics*, 71(2), 533—559.

D'Souza, J., K. Hassan, O. Varela and Z. Wei, 2003, "The Financial and Operating Performance of China's Newly Privatized Firms", *Financial Management*, 2, 107—126.

Dayal-Gulati, A. and A. M. Husain, 2000, "Centripetal Forces in China's Economic Take-off", *IMF Working Paper* 00/86.

DeFraja, G. and F. Delbono, 1990, "Game Theoretic Models of Mixed Oligopoly", *Journal of Economic Surveys*, 4, 1—17.

DeFraja, G. and F. Delbono, 1989, "Alternative Strategies of a Public Enterprise in Oligopoly", *Oxford Economic Papers*, 41, 302—311.

Démurger, S., J. D. Sachs, W. T. Woo, S. M. Bao, G. Chang and A. Mellinger, 2002, "Geography, Economic Policy and Regional Development in China", *Asian Economic Papers*, 1 (1), 146—197.

Dewatripont, M. and E. Maskin., 1995, "Credit and Efficiency in Centralized and Decentralized Economies", *Review of Economic Studies*, 62(4), 541—56.

Djankov, S. and P. Murrel, 2002, "Enterprise Restructuring in Transition: a Quantitative Survey." *Journal of Economic Literature*, 40, 739—792.

Fan, C. Simon and Xiangdong Wei, 2006, "The Law of One Price:

Evidence from the Transitional Economy of China", *Review of Economicsand Statistics*, 88, 4, 682—697.

Felipe, J., 1999, "Total Factor Productivity Growth in East Asia: A Critical Survey", *The Journal of Development Studies*, 35, 4, 1—41.

Fershtman, C., 1990, "The Interdependence between Ownership Status and Market Structure: The Case of Privatization", *Economica*, 57, 319—328.

Fjell, K. and D. Pal, 1996, "A Mixed Oligopoly in the Presence of Foreign Private Firms", *Canadian Journal of Economics*, 29, 737—743.

Fleisher, B. M. and J. Chen, 1997, "The Coast-Noncoast Income Gap, Productivity and Regional Economic Policy in China", *Journal of Comparative Economics*, 25(2), 220—236.

Fleisher, B. M., Haizheng Li and M. Q. Zhao, 2010, "Human Capital, Economic Growth, and Regional Inequality in China", *Journal of Development Economics*, 92, 215—231.

Fu, Xiaolan, 2004, "Limited Linkages from Growth Engines and Regional Disparities in China", *Journal of Comparative Economics*, 32, 148—164.

Ge, Y. and J. Qiu, 2007, "Financial Development, Bank Discrimination and Trade Credit", *Journal of Banking and Finance*, 31(2), 513—530.

George, K. and M. La Manna, 1996, "Mixed Duopoly, Inefficiency, and Public Ownership", *Review of Industrial Organization*, 11, 853—860.

Giovannini, A. and de Melo Martha, 1993, "Government Revenue from Financial Repression", *American Economic Review*, 83 (4), 953—963.

Goldsmith, R. W. , 1969, *Financial Structure and Development*. New Haven: Yale University Press.

Greenhut, M. L. and H. Ohta, 1979, "Vertical Integration of Successive Oligopolists", *American Economic Review*, 69 (1), 137—141.

Greenwood, J. and B. D. Smith, 1997, "Financial Markets in Development, and the Development of Financial Markets", *Journal of Economic Dynamics and Control*, 21 (1), 145—181.

Groves, T. , Y. Hong, J. McMillan and B. Naughton, 1994, "Autonomy and Incentives in Chinese State Enterprises", *Quarterly Journal of Economics*, 109, 183—209.

Guo, K. and Y. Yao, 2005, "Causes of Privatization in China: Testing Several Hypotheses", *Economics of Transition*, 13, 2, 211—238.

Hay, Donald. A. and Derek. J. Morris, 1991, *Industrial Economics and Organization: Theory and Evidence*, New York: Oxford University Press.

Hovey, M. , 2005, "Corporate Governance in China: An Analysis of Ownership Changes after the 1997 Announcement", *SSRN Working Paper*, No. 811105.

Hovey, Martin. and Tony Naughton, 2007, "A Survey of Enterprise Reforms in China: The Way Forward", *Economic Systems*, 31, 138—156.

Hsieh, Chang-Tai and Peter J. Klenow, 2009, "Misallocation and

Manufacturing TFP in China and India", *Quarterly Journal of Economics*, 124, 1403—1448.

Haizhou Huang and Chenggang Xu, 1999, "Financial Institutions and the Financial Crisis in East Asia", *European Economic Review*, 43(4—6), 903—914.

Huang, Y. and X. Meng, 1999, "China's Industrial Growth and Efficiency: A Comparison Between the State and TVE Sectors", *Journal of the Asia Pacific Economy*, 2, 101—121.

Jefferson, G., T. Rawski and Y. Zheng, 1992, "Growth, Efficiency, and Convergence in China's State and Collective Industry", *Economic Development and Cultural Change*, 40, 239—266.

Jefferson, G., T. Rawski and Y. Zheng, 1996, "Chinese Industrial Productivity: Trends, Measurement and Recent Development", *Journal of Comparative Economics*, 23, 146—180.

Jian, T. L., J. D. Sachs and A. M. Warner, 1996, "Trends in Regional Inequality in China", *China Economc Review*, 7(1), 1—21.

King, R. G. and R. Levine, 1993, "Finance and Growth: Schumpeter Might Be Right", *Quarterly Journal of Economics*, 108 (3), 717—737.

Kornai, Janos, 1986, "The Soft Budget Constraint", *Kyklos*, 39 (1), 3—30.

Kornai, Maskin and Roland, 2003, "Understanding the Soft Budget Constraint", *Journal of Economic Literature*, 41(4), 1095—1136(42).

Lee, J. Ch., 1995, "Regional Income Inequality Variations in China",

Journal of Economic Development, 20 (2), 99—118.

Levine, R. , 1997, "Financial Development and Economic Growth: Views and Agenda", *Journal of Economic Literature*, 35 (2), 688—726.

Levine, R. and S. Zervos, 1998, "Stock Markets, Banks, and Economic Growth", *American Economic Review*, 88 (3), 537—558.

Levine, R. , N. Loayza and T. Beck, 2000, "Financial Intermediation and Growth: Causality and Causes", *Journal of Monetary Economics*, 46(1), 31—77.

Lin, Shuanglin, 2000, "Resource Allocation and Economic Growth in China", *Economic Inquiry*, 38, 3, 515—526.

Lin, J. Y. and Tan, G. , 1999, "Policy Burdens, Accountability and Soft Budget Constraint", *American Economic Review*, 89 (2), 426—431.

Liu, Z. and Liu, G. S. , 1996, "The Efficiency Impact of the Chinese Industrial Reforms in the 1980's", *Journal of Comparative Economics*, 23, 237—255.

Liu, G. , P. Sun and W. T. Woo, 2006, "The Political Economy of Chinese-Style Privatization: Motives and Constraints", *World Development*, 34, 12, 2016—2033.

Lo, D. , 1999, "Reappraising the Performance of China's State-Owned Industrial Enterprises: 1980—1996", *Cambridge Journal of Economics*, 23, 693—718.

Matsumura, T. , 1998, "Partial Privatization in Mixed Duopoly", *Journal of Public Economics*, 70, 3, 473—483.

McKinnon, R. I. , 1973, *Money and Capital in Economic Devel-*

opment. Washington: Brookings Institution.

Megginson, W. and J. Netter, 2001, "From State to Market: A Survey of Empirical Studies on Privatization", *Journal of Economic Literature*, 39, 2, 321—389.

Megginson, William, Robert Nash and Matthias van Randenborgh, 1994, "The Financial and Operating Performance of Newly Privatized Firms: An International Empirical Analysis", *Journal of Finance*, 49(2), 403—452.

Merill, W. and N. Schneider, 1966, "Government Firms in Oligopoly Industries: A Short-Run Analysis", *Quarterly Journal of Economics*, 80, 3, 400—412.

Merton, R. C. and Z. Bodie, 1995, "A Conceptual Framework for Analysing the Financial Environment", in Crane, D. B., et al. eds., *The Global Financial System: A Functional Perspective*, Cambridge, Mass: Harvard Business School Press, 3—31.

Naughton, B., 2003, "How Much Can Regional Integration Do to Unify China's Markets", in Nicholas Hope, Dennis Yang, and Mu Yang Li, eds., *How Far Acrossthe River? Chinese Policy Reform at the Millennium*, Stanford: Stanford University Press, 204—232.

Pal, D. and M. White, 1998, "Mixed Oligopoly, Privatization and Strategic Trade Policy", *Southern Economic Journal*, 65, 264—282.

Park, Albert and Yang Du, 2003, "Blunting the Razor's Edge: Regional Development in Reform China", Mimeo. Hong Kong.

Parsley, David C. and Shang-Jin Wei, 1996, "Convergence to the Law of One Price without Trade Barriers or Currency Fluctuations", *Quarterly Journal of Economics*, 111, 1211—1236.

Parsley, David C. and Shang-Jin Wei, 2000, "Explaining the Border Effect: The Role of Exchange Rate Variability, Shipping Cost, and Geography," *NBER Working Paper*, No. 7836.

Parsley, David C. and Shang-Jin Wei, 2001, "Limiting Currency Volatility to Stimulate Goods Market Integration: A Price Based Approach", *NBER Working Paper*, No. 8468.

Perkins, F., Y. X. Zheng and Y. Cao, 1993, "The Impact of Economic Reform on Productivity Growth in Chinese Industry: A Case of Xiamen Special Economic Zone", *Asian Economic Journal*, 7, 2, 107—146.

Phillips, K. L. and Kunrong Shen, 2005, "What Effect does the Size of the State-owned Sector Have on Regional Growth in China", *Journal of Asian Economics*, 15, 1079—1102.

Poncet, Sandra, 2003, "Measuring Chinese Domestic and International Integration", *China Economic Review*, 14, 1, 1—21.

Poncet, Sandra, 2005, "A Fragmented China: Measure and Determinants of Chinese Domestic Market Disintegration", *Review of International Economics*, 13, 3, 409—430.

Qian, Yingyi and C. Xu., 1993, "Why China's Economic Reforms Differ: The M-Form Hierarchy and Entry/Expansion of the Non-State Sector", *Economics of Transition*, 1 (2), 135—170.

Qian, Yingyi and Gérard Roland, 1998, "Federalism and the Soft Budget Constraint," *American Economic Review*, 88 (5),

1143—1162.

Qian, Yingyi, 1994, "A Theory of Shortage in Socialist Economies Based on the 'Soft Budget Constraint'", *American Economic Review*, 84(1), 145—156.

Rajan, R. G. and L. Zingales, 1998, "Financial Dependence and Growth", *American Economic Review*, 88(3), 559—586.

Roodman, D., 2006, "How to Do xtabond2: An Introduction to Difference and System GMM in Stata", *NBER Working Paper*, No. 103.

White, M., 1996, "Mixed Oligopoly, Privatization and Subsidization", *Economics Letters*, 53, 189—195.

Roubini, N. and X. Sala-i-Martin, 1992, "Financial Repression and Economic Growth", *Journal of Development Economics*, 39(1), 5—30.

Sachs, J. and W. Woo, 1997, "Understanding China's Economic Performance", *Working Paper*, 5935, NBER, Cambridge, MA 02138.

Shaw, E. S., 1973, *Financial Deepening in Economic Development*, NY: Oxford University Press.

Shleifer, A. and R. W. Vishny, 1994, "Politicians and Firms", *Quarterly Journal of Economics*, 109(4), 995—1025.

Siqueira, K., Todd. Sandler and Jon. Cauley, 2009, "Common Agency and State-owned Enterprise Reform", *China Economic Review*, 20, 208—217.

Song, Z., K. Storesletten and F. Zilibotti, 2011, "Growing Like China", *American Economic Review*, 101(1), 202—241.

Sun, Q., W. Tong, and J. Tong, 2002, "How Does Government

Ownership Affect Firm's Performance? Evidence from China's Privatization Experience", *Journal of Business Finance & Accounting*, 29(1—2), 1—27.

Sun, Q. and W. Tong, 2003, "China Share Issue Privatization: The Extent of Its Success", *Journal of Financial Economics*, 70, 183—222.

Wang, Y. and Yao, Y. D., 2003, "Sources of China's Economic Growth, 1952—99: Incorporating Human Capital Accumulation", *China Economic Review*, 14(1), 32—52.

Wei, Z., Xie, F., Zhang, S., 2005, "Ownership Structure and Firm Value in China's Privatized Firms: 1991—2001", *The Journal of Financial and Quantitative Analysis*, 40(1), 87—108.

Wei, Zuobao and Oscar Varela, 2003, "State Equity Ownership and Firm Market Performance: Evidence from China's Newly Privatized Firms", *Global Finance Journal*, 14, 1, 65—82.

Woo, W., W. Hai, Y. Jin and G. Fan, 1994, "How Successful Has ChineseEnterprise Reform Been? Pitfalls in Opposite Biases and Focus", *Journal of Comparative Economics*, 18, 410—437.

Wu, Yanrui, 1995, "Productive Growth, Technological Progress, and Technial Efficiency Change in China: A Three-Sector Analysis", *Journal of Comparative Economics*, 21, 207—229.

Wu, Harry X. and Wu, Yanrui, 1994, "Rural Enterprise Growth and Efficiency", in Christoper Findlay, Andrew Watson, and Hurry X. Wu (eds.), *Rural Enterprises in China*, New

York: St Martin's Press, 69—92.

Xu, Xinpeng, 2002, "Have the Chinese Provinces Become Integrated under Reform?", *China Economic Review*, 13, 116—133.

Xu, X. N. and Y. Wang, 1999, "Ownership Structure, Corporate Governance and Corporate Performance: the Case of Chinese Stock Companies", *China Economic Review*, 10, 75—98.

Yao, Shujie, 1997, "Profit Sharing, Bonus Payment, and Productivity: A Case Study of Chinese State-owned Enterprises", *Journal of Comparative Economics*, 24, 281—296.

Yao, S. and Z. Zhang, 2001, "On Regional Inequality and Diverging Clubs: A Case Study of Contemporary China", *Journal of Comparative Economics*, 29, 466—484.

Young, Alwyn, 2000, "The Razor's Edge: Distortions and Incremental Reform in the People's Republic of China", *Quarterly Journal of Economics*, 115, 4, 1091—1135.

Zhang, A. M., Y. M. Zhang and R. Zhao, 2001, "Impact of Ownership and Competition on the Productivity of Chinese Enterprises", *Journal of Comparative Economics*, 29, 327—346.

Zheng, J., X. Liu and A. Bigsten, 1998, "Ownership Structure and Determinates of Technical Efficiency: An Application of Data Envelopment Analysis to Chinese Enterprises (1986—1990)", *Journal of Comparative Economics*, 26, 465—484.

Zhou, Mi and Xiaoming Wang, 2000, "Agency Cost and The Crisis of China's SOE", *China Economic Review*, 11, 297—317.

安强身:《金融漏损、效率修正与"反哺效应"——中国转轨经济金融低效率和经济高增长研究的新视角》,《财经研究》,2008 年第 4 期。

奥尔森:《集体行动的逻辑》,上海三联书店 & 上海人民出版社 1995 年版。

白永秀、严汉平:《走出国有企业退出中国有资产流失的误区》,《福建论坛》(人文社会科学版),2005 年第 2 期。

白重恩、杜颖娟、陶志刚、仝月婷:《地方保护主义及产业地区集中度的决定因素和变动趋势》,《经济研究》,2004 年第 4 期。

白重恩、路江涌、陶志刚:《国有企业改制效果的实证研究》,《经济研究》,2006 年第 8 期。

蔡昉、都阳:《中国地区经济增长的趋同与差异——对西部开发战略的启示》,《经济研究》,2000 年第 10 期。

蔡昉、王德文:《比较优势差异、变化及其对地区差距的影响》,《中国社会科学》,2002 年第 5 期。

陈敏、桂琦寒、陆铭、陈钊:《中国经济增长如何持续发挥规模效应? ——经济开放与国内商品市场分割的实证研究》,《经济学季刊》,2007 年第 7 卷第 1 期。

陈钊、陆铭、佐藤宏:《行业不平等:日益重要的城镇收入差距成因》,《中国社会科学》,2010 年第 3 期。

程海波、于蕾、许治林:《资本结构、信贷约束和信贷歧视:上海非国有中小企业的案例》,《世界经济》,2005 年第 8 期。

大琢启二郎、刘德强、村上直树:《中国的工业改革——过去的成绩和未来的前景》(中文版),上海人民出版社 & 上海三联书店 2000 年版。

邓伟、余建国:《为什么国有企业越来越垄断?》,《南方经济》,2008 年第 2 期。

丁启军、伊淑彪:《中国行政垄断行业效率损失研究》,《山西财经大学学报》,2008 年第 12 期。

董先安:《浅释中国地区收入差距:1952—2002》,《经济研究》,2004年第9期。

樊福卓:《地区专业化的度量》,《经济研究》,2007年第9期。

樊纲、王小鲁、朱恒鹏:《中国分省市场化指数——各地区市场化相对进程报告(2001)》,经济科学出版社2003年版。

樊纲、王小鲁、朱桓鹏:《中国市场化指数——各地区市场化相对进程2009年报告》,经济科学出版社2010年版。

樊纲:《论体制转轨的动态过程——非国有部门的成长与国有部门的改革》,《经济研究》,2000第1期。

范剑勇、朱国林:《中国地区差距演变及其结构分解》,《管理世界》,2002年第7期。

范剑勇:《市场一体化、地区专业化与产业集聚趋势——兼谈对地区差距的影响》,《中国社会科学》,2004年第6期。

范子英、张军:《财政分权、转移支付与国内市场整合》,《经济研究》,2010年第3期。

古志辉、蔡方:《中国1978—2002年的财政压力与经济转轨:理论与实证》,《管理世界》,2005年第7期。

顾建平、朱克朋:《补偿、政府目标与民营化障碍——对我国国有企业民营化改革障碍的思考》,《财经研究》,2006年第4期。

桂琦寒、陈敏、陆铭、陈钊:《中国国内商品市场趋于分割还是整合?——基于相对价格法的分析》,《世界经济》,2006年第2期。

郭凯、姚洋:《国有企业改制的成因:对五个假说的检验》,《世界经济》,2004年第12期。

韩朝华、戴慕珍:《中国民营化的财政动因》,《经济研究》,2008年第2期。

韩朝华、周晓艳:《国有企业利润的主要来源及其社会福利含义》,

《中国工业经济》,2009 年第 6 期。

郝大明:《国有企业公司制改革效率的实证分析》,《经济研究》,2006 年第 7 期。

胡和立:《1988 年我国部分租金的估算》,《经济社会体制比较》,1989 年第 5 期。

胡吉祥、童英、陈玉宇:《国有企业上市对绩效的影响:一种处理效应方法》,《经济学季刊》,2011 年第 10 卷第 3 期。

胡一帆、宋敏、张俊喜:《竞争、产权、公司治理三大理论的相对重要性及交互关系》,《经济研究》,2005 年第 9 期。

胡一帆、宋敏、张俊喜:《中国国有企业民营化绩效研究》,《经济研究》,2006 年第 7 期。

胡一帆、宋敏、郑红亮:《所有制结构改革对中国企业绩效的影响》,《中国社会科学》,2006 年第 4 期。

黄金树:《股份制国有企业经理人的诱因选择与民营化:混合寡占模型的应用》,《世界经济文汇》,2005 年第 2 期。

黄玲文、姚洋:《国有企业改制对就业的影响——来自 11 个城市的证据》,《经济研究》,2007 年第 3 期。

黄险峰、李平:《国有企业部门规模与经济增长:基于中国各地区的经验研究》,《产业经济评论》,2008 年第 7 卷第 2 辑。

黄险峰、李平:《国有企业效率、产出效应与经济增长:一个分析框架和基于中国各省区的经验研究》,《产业经济评论》,2009 年第 8 卷第 1 期。

黄亚生:《改革时期的外国直接投资》,新星出版社 2005 年版。

孔翔、罗伯特 E. 马克斯、万广华:《国有企业全要素生产率变化及其决定因素:1990—1994》,《经济研究》,1999 年第 7 期。

李广众:《金融抑制过程中政府收益的经验研究及国际比较》,《世界经济》,2001 年第 1 期。

李国平、范红忠:《生产集中、人口分布与地区经济差异》,《经济研究》,2003 年第 11 期。

李利英:《市场竞争、利益分配与国有企业的“效率悖论”》,《中州学刊》,2007 年第 2 期。

李利英:《中国国有企业生产率变动趋势的实证分析—基于对 769 家国有企业跟踪调查样本的判断》,《经济科学》,2004 年第 1 期。

李楠、乔榛:《国有企业改制政策效果的实证分析——基于双重差分模型的估计》,《数量经济技术经济研究》,2010 年第 2 期。

李善同、侯永志、刘云中、陈波:《中国国内地方保护问题的调查与分析》,《经济研究》,2004 年第 11 期。

李寿喜:《产权、代理成本和代理效率》,《经济研究》,2007 年第 1 期。

李小宁:《组织激励》,北京大学出版社、北京航空航天大学出版社 2005 年版。

林青松、李实:《企业效率理论与中国企业的效率》,《经济研究》,1996 年第 7 期。

林青松:《改革以来中国工业部门的效率变化及其影响因素分析》,《经济研究》,1995 年第 10 期。

林毅夫、蔡昉、李周:《充分信息与国有企业改革》,上海人民出版社 & 上海三联书店 1997 年版。

林毅夫、蔡昉、李周:《中国经济转型时期的地区差距分析》,《经济研究》,1998 年第 6 期。

林毅夫、李志赟:《政策性负担、道德风险与预算软约束》,《经济研究》,2004 年第 2 期。

林毅夫、刘明兴、章奇:《政策性负担与企业的预算软约束:来自中国的实证研究》,《管理世界》,2004 年第 8 期。

林毅夫、刘明兴:《中国的经济增长收敛与收入分配》,《世界经济》,2003 年第 8 期。

林毅夫、刘培林:《地方保护和市场分割:从发展战略的角度考察》,北京大学中国经济研究中心 2004 年讨论稿,No. C2004015。

林毅夫、刘培林:《中国的经济发展战略与地区收入差距》,《经济研究》,2003 年第 3 期。

林毅夫:《发展战略、自生能力和经济收敛》,《经济学季刊》,2002 年第 1 卷第 2 期。

刘德强:《国有企业的经营者:是能力不足还是努力不足——关于钢铁工业的实证研究》,《经济学季刊》,2001 年第 1 卷第 2 期。

刘培林:《地方保护和市场分割的损失》,《中国工业经济》,2005 年第 4 期。

刘瑞明、白永秀:《晋升激励与经济发展》,《南方经济》,2010 年第 1 期。

刘瑞明、石磊:《国有企业的双重效率损失与经济增长》,《经济研究》,2010 年第 1 期。

刘瑞明、石磊:《上游垄断、非对称竞争与社会福利:兼论国有大型企业利润的性质》,《经济研究》,2011 年第 12 期。

刘瑞明:《国有企业的就业悖论:提出、解读与验证》,复旦大学中国经济研究中心 2009 年工作论文。

刘瑞明:《晋升激励、产业同构与地方保护:一个基于政治控制权收益的解释》,《南方经济》2007 年第 6 期。

刘瑞明:《中国的国有企业效率损失:一个文献综述》,复旦大学经济学院 2010 年工作论文。

刘瑞明:《国有企业、隐性补贴与市场分割:理论与经验证据》,《管理世界》2012 年第 4 期。

刘瑞明:《金融压抑、所有制歧视与经济增长:国有企业效率损失再考察》,《经济学季刊》,2011 年第 10 卷第 2 期。

刘瑞明:《所有制结构、增长差异与地区差距:历史因素影响了增长轨迹吗》,《经济研究》,2011 年增 2 期(青年论坛专辑)。

刘芍佳、孙霈、刘乃全:《终极产权论、股权结构与公司绩效》,《经济研究》,2003 年第 4 期。

刘夏明、魏英琪、李国平:《收敛还是发散? ——中国区域经济发展争论的文献综述》,《经济研究》,2004 年第 7 期。

刘小玄、李利英:《企业产权变革的效率分析》,《中国社会科学》,2005 年第 2 期。

刘小玄、郑京海:《国有企业效率的决定因素:1985—1994》,《经济研究》,1998 年第 1 期。

刘小玄:《中国工业企业的所有制结构对效率差异的影响——1995 年全国工业企业普查数据的实证分析》,《经济研究》,2000 年第 2 期。

刘小玄:《中国转轨经济中的产权结构和市场结构——产业绩效水平的决定因素》,《经济研究》,2003 年第 1 期。

刘元春:《国有企业的"效率悖论"及其深层次的解释》,《中国工业经济》,2001 年第 7 期。

刘元春:《国有企业宏观效率论——理论及其验证》,《中国社会科学》,2001 年第 5 期。

柳建华:《银行负债、预算软约束与企业投资》,《南方经济》,2006 年第 9 期。

卢峰、姚洋:《金融压抑下的法制、金融发展和经济增长》,《中国社会科学》,2004 年第 1 期。

卢文鹏:《金融抑制、路径依赖与中国渐进改革中的制度性公共风险》,《复旦大学学报》(社会科学版),2002 年第 4 期。

陆铭、陈钊、严冀:《收益递增、发展战略与区域经济的分割》,《经济研究》,2004 年第 1 期。

陆铭、陈钊:《分割市场的经济增长——为什么经济开放可能加剧地方保护》,《经济研究》,2009 年第 3 期。

陆铭、陈钊:《中国区域经济发展中的市场整合与工业集聚》,上海三联书店 & 上海人民出版社 2006 年版。

陆铭:《为何改革没有提高国有企业的相对劳动生产率》,《经济学季刊》,2003 年第 2 卷第 4 期。

罗宏、黄文华:《国企分红、在职消费与公司业绩》,《管理世界》,2008 年第 9 期。

孟昌:《规模经济不需要行政性进入壁垒的保护》,《经济理论与经济管理》,2010 年第 5 期。

聂辉华、贾瑞雪:《中国制造业企业生产率与资源误置》,《世界经济》,2011 年第 7 期。

聂辉华、涂晓玲、杨楠:《竞争还是产权——对国有企业激励机制的经验考察》,《教学与研究》,2008 年第 1 期。

皮建才:《中国地方政府间竞争下的区域市场整合》,《经济研究》,2008 年第 3 期。

平新乔、范瑛、郝朝艳:《中国国有企业代理成本的实证分析》,《经济研究》,2003 年第 11 期。

平新乔:《论国有经济比重的内生决定》,《经济研究》,2000 年第 7 期。

平新乔:《政府保护的动机与效果——一个实证分析》,《财贸经济》,2004 年第 5 期。

戚聿东:《自然垄断产业改革:国际经验与中国实践》,中国社会科学出版社 2009 年版。

沈坤荣、马俊:《中国经济增长的"俱乐部收敛"特征及其成因研究》,《经济研究》,2002年第1期。

沈立人、戴园晨:《我国"诸侯经济"的形成及其弊端和根源》,《经济研究》,1990年第3期。

石磊、高帆:《地区经济差距:一个基于经济结构转化的实证研究》,《管理世界》,2006年第5期。

石磊:《现代企业制度论:委托代理制度下的竞争与管理》,立信会计出版社1995年版。

宋立刚、姚洋:《改制对企业绩效的影响》,《中国社会科学》,2005年第2期。

孙海刚:《市场化进程中的中国地区经济差距成因研究》,《财经研究》,2007年第9期。

孙群燕、李杰、张安民:《寡头竞争情形下的国有企业改革》,《经济研究》,2004年第1期。

谭劲松、郑国坚、彭松:《地方政府公共治理与国有控股上市公司控制权转移——1996—2004年深圳市属上市公司重组案例研究》,《管理世界》,2009年第10期。

天则经济研究所:《国有企业的性质、表现与改革》,天则经济研究所网站 http://www.unirule.org.cn/SecondWeb/Article.asp?ArticleID=3116,2011年。

田利辉:《国有产权、预算软约束和中国上市公司杠杆治理》,《管理世界》,2005年第7期。

田晓文:《中国地区经济差距变化的三大趋势及其成因初探》,北京大学中国经济研究中心内部1999年讨论稿系列,No. C1999017。

万安培:《租金规模的动态考察》,《经济研究》,1995年第2期。

王红领、李稻葵、雷鼎鸣:《政府为什么会放弃国有企业的产权》,《经济研究》,2001年第8期。

王俊豪、王建明:《中国垄断型产业的行政垄断及其管制政策》,《中国工业经济》,2007 年第 12 期。

王俊豪、周小梅:《中国自然垄断产业民营化改革与政府管制政策》,经济管理出版社 2004 年版。

王俊豪:《论自然垄断产业的有效竞争》,《经济研究》,1998 年第 8 期。

王珺、杨本建:《企业所有权结构与产业集群的形成》,《管理世界》,2010 年第 4 期。

王小龙、李斌:《经济发展、地区发展与地方贸易保护》,《经济学季刊》,2002 年第 1 卷第 3 期。

王小鲁、樊纲:《中国地区差距的变动趋势和影响因素》,《经济研究》,2004 年第 1 期。

王志刚、龚六堂、陈玉宇:《地区间生产效率与全要素生产率增长率分解(1978—2003)》,《中国社会科学》,2006 年第 9 期。

王志强、孙刚:《中国金融发展规模、结构、效率与经济增长关系的经验分析》,《管理世界》,2003 年第 7 期。

魏明海、柳建华:《国企分红、治理因素与过度投资》,《管理世界》,2007 年第 4 期。

武常岐、钱婷:《集团控制与国有企业治理》,《经济研究》,2011 年第 6 期。

夏立军、方轶强:《政府控制、治理环境与公司价值——来自中国证券市场的经验证据》,《经济研究》,2005 年第 5 期。

谢千里、罗斯基、张轶凡:《中国工业生产率的增长与收敛》,《经济学季刊》,2008 年第 7 卷第 3 期。

谢千里、罗斯基、郑玉歆:《改革以来中国工业生产率变动趋势的估计及其可靠性分析》,《经济研究》,1995 年第 12 期。

辛清泉、谭伟强:《市场化改革、企业业绩与国有企业经理薪酬》,

《经济研究》,2009 年第 11 期。

许开国:《地区性行政垄断的宏观成本效率损失研究》,《经济评论》,2009 年第 5 期。

杨记军、逯东、杨丹:《国有企业的政府控制权转让研究》,《经济研究》,2010 年第 2 期。

杨骞:《我国烟草产业行政垄断的社会成本估算》,《当代财经》,2010 年第 4 期。

杨天宇、张蕾:《中国制造业企业进入和退出行为的影响因素分析》,《管理世界》,2009 年第 6 期。

杨天宇:《"国有企业宏观效率论"辨析——与刘元春先生商榷》,《中国社会科学》,2002 年第 6 期。

杨治、路江涌、陶志刚:《政治庇护与改制:中国集体企业改制研究》,《经济研究》,2007 年第 5 期。

姚洋、章奇:《中国工业企业技术效率分析》,《经济研究》,2001 年第 10 期。

姚洋:《非国有经济成分对我国工业企业技术效率的影响》,《经济研究》,1998 年第 12 期。

银温泉、才婉如:《我国地方市场分割的成因与治理》,《经济研究》,2001 年第 6 期。

于良春、于华阳:《自然垄断产业垄断的"自然性"探析》,《中国工业经济》,2004 年第 11 期。

于良春、张伟:《中国行业性行政垄断的强度与效率损失研究》,《经济研究》,2010 年第 3 期。

于良春:《自然垄断与政府规制:基本理论与政策分析》,经济科学出版社 2003 年版。

于永达、吕冰洋:《中国生产率争论:方法的局限性和结论的不确定性》,《清华大学学报》(哲学社会科学版),2010 年第 3 期。

余东华、刘运:《地方保护与市场分割的测度与辨识——基于方法论的文献综述》,《世界经济文汇》,2009 年第 1 期。

张杰、张培丽、黄泰岩:《市场分割推动了中国企业出口吗》,《经济研究》,2010 年第 8 期。

张杰:《渐进改革中的金融支持》,《经济研究》,1998 年第 10 期。

张杰:《民营经济的金融困境与融资次序》,《经济研究》,2000 年第 4 期。

张军、金煜:《政府间财政改革、金融深化与中国的地区差距》,《中国社会科学》(英文版),2006 年第 1 期。

张军、金煜:《中国的金融深化和生产力关系的再检测:1987—2001》,《经济研究》,2005 年第 11 期。

张军、罗长远、冯俊:《市场结构、成本差异与国有企业的民营化进程》,《中国社会科学》,2001 年第 3 期。

张军、施少华、陈诗一:《中国的工业改革与效率变化——方法、数据、文献和现有的结果》,《经济学季刊》,2003 年第 3 卷第 1 期。

张军、詹宇波:《金融歧视、"腐败"与中国私营企业的增长:基于转轨的理论分析与经验观察》,《世界经济文汇》,2006 年第 2 期。

张军:《社会主义的政府与企业:从'退出'角度的分析》,《经济研究》,1994 年第 4 期。

张曙光:《试析国有企业改革中的资源要素租金问题——兼论重建"全民所有制"》,《南方经济》,2010 年第 1 期。

张维迎、栗树和:《地区间竞争与中国国有企业的民营化》,《经济研究》,1998 年第 12 期。

张维迎:《公有制经济中的委托人—代理人关系:理论分析和政策含义》,《经济研究》,1995 年第 4 期。

张维迎:《企业理论与中国企业改革》,北京大学出版社 1999 年版。

赵奇伟、熊性美:《中国三大市场分割程度的比较分析:时间走势与区域差异》,《世界经济》,2009 年第 6 期。

赵奇伟:《东道国制度安排、市场分割与 FDI 溢出效应:来自中国的证据》,《经济学季刊》,2009 年第 8 卷第 3 期。

郑江淮:《国有企业预算约束硬化了吗?——对 1996—2000 信贷约束政策的有效性的实证研究》,《经济研究》,2001 年第 8 期。

郑京海、胡鞍钢、阿恩·比格斯腾:《中国的经济增长能否持续?——一个生产率视角》,《经济学季刊》,2008 年第 7 卷第 3 期。

郑京海、刘小玄、Arne Bigsten,《1980—1994 期间中国国有企业的效率、技术进步和最佳实践》,《经济学季刊》,2002 年第 1 卷第 3 期。

郑玉歆、罗斯基:《体制转换中的中国工业生产率》,社会科学文献出版社 1993 年版。

郑毓盛、李崇高:《中国地方分割的效率损失》,《中国社会科学》,2003 年第 1 期。

周黎安、张维迎、顾全林、汪淼军:《企业生产率的代际效应和年龄效应》,《经济学季刊》,2007 年第 6 卷第 4 期。

周黎安:《晋升博弈中政府官员的激励与合作》,《经济研究》,2004 年第 6 期。

周立、胡鞍钢:《中国金融发展的地区差距状况分析(1978—1999)》,《清华大学学报》(哲学社会科学版),2002 年第 2 期。

周立、王子鸣:《中国各地区金融发展与经济增长实证分析:1978—2000》,《金融研究》,2002 年第 10 期。

周权雄、朱卫平:《国企锦标赛激励效应与制约因素研究》,《经济学季刊》,2010 年第 9 卷第 2 期。

周业安、赵晓男:《地方政府竞争模式研究》,《管理世界》,2004 年第 12 期。

周业安:《金融抑制对中国企业融资能力影响的实证研究》,《经济研究》,1999 年第 2 期。

朱桓鹏:《地区间竞争、财政自给率和公有制企业民营化》,《经济研究》,2004 年第 10 期。

邹至庄:《中国经济》(中文版),南开大学出版社 1984 年版。

致谢

本书在我的博士论文基础上修改而成。

我在复旦写作博士论文时，得到了太多人的帮助。在著作即将付梓之际，首先要感谢我的导师石磊教授。能够来到复旦，拜入石老师门下，是我一生的财富。在向石老师学习的三年时间里，我对先生严谨的治学及平和的为人感触颇深。先生要求我们做学问“既要顶天，又要立地”，鼓励我们关注现实、开阔视野。每周风雨无阻的学术研讨会让我保持着对学术前沿的把握，助教助研工作让我提前了解了教学过程；而在学术之外，先生在生活上对我们无微不至的关心也令我倍加感激。三年里，每一篇论文的写作都离不开石老师的指导，毕业论文的写作更是如此。从论文选题、思路提出、大纲确定、初稿修改、后来的多次再稿修改到终稿确定，都是在石老师的指导和讨论中进行的。没有他对中国经济的深刻理解和准确把握，本书的写作将步履维艰。好多次我都因为不能看透一些经济现象而困惑，而正是他对于改革过程中各种现象本质的精彩解析指引着我的写作思路。

在三年的求学过程中，我得到了寇宗来、高帆、王永钦、范剑勇、陆铭、田素华、陈诗一、罗长远等老师的指导，他们曾在各种场合就我论文的相关研究、模型的构建等有过深入的讨论和具体的指导。我要感谢石老师门下的每一位成员，无论是每一次学术研讨会后的烧烤，还是平日里的相处，他们都带给了我很多的乐趣。感谢很多学术朋友和学术会议上论文的评论人，包括皮建才、孙圣民、马小勇、韦倩、詹宇波、李剑、陈斌开、张三峰、崔瑜、焦豪、易声宇、肖弋舟、王守坤、汤向俊、王贤彬、罗知、张平、韩青、王冰辉、乔岳、邵帅、时磊、范子英、赵奇伟、马光荣、赵勇、钞小静等，他们对文章的写作提供了宝贵的意见。感谢我的舍友司强和春建在我生病期间给我的无微不至的照顾。此外，我博士论文的写作还得到了“教育部博士研究生学术新人奖”和“银兴经济研究基金”的资助，特此感谢。我还要感谢“谭崇台发展经济学奖学金”、“复旦大学学术之星”和“教育部博士研究生学术新人奖”的评审委员们，他们的赏识使我有机会获得这些荣誉。本书的部分章节曾发表于《经济研究》、《经济学季刊》、《管理世界》等期刊，感谢匿名审稿人的中肯意见。感谢我博士论文的评审老师对本文的批评指导意见。尽管受益于许多人的批评指导，但本文所有可能的疏漏和错误皆由本人学业不精所致，由本人负全部责任。

我的本科和硕士就读于西北大学经济管理学院，一路走来，不得不说自己是幸运的。在此，我要特别感谢我本科和硕士期间的导师白永秀教授，在我的求学生涯中，他不断给予我鼓励和指导；如果不是白老师的鼓励，我想我很难走上学术之路。求学期间，任保平老师、史耀疆老师、何爱平老师、严汉平老师、John 等都在我的学业上给予了莫大的帮助。而当我博士毕业回归母校时，西北大学的诸位领导和老师再次给予了大力支持，允许我特别评审副教授，在此感谢学院领导和老师给予我的支持和厚爱！

在长达20余年的求学生涯中，我最应该感谢的是我的父母和亲人。如果不是他们含辛茹苦把我养大，如果不是他们省吃俭用供我读书，安静地坐下来写这些文字无疑是天方夜谭。读书实在是一件奢侈的事，我能享受这份奢侈，是我父母用他们的辛劳换来的。在我所走的道路上，他们从来没有过丝毫的责备，而是给予我最大的鼓励和支持。我知道我就是那个预算软约束下的国企，肆意利用着我的父母对我的“父(母)爱主义”。我算不清我的自私让我的父母吃了多少苦，作为人子所应尽的责任，我已经推诿得太多太多。如果这些文字可以稍稍让他们感到欣慰，我心里会好受一些。感谢我的姐姐和妹妹在我不在家的日子里，替我悉心照顾父母。我要特别感谢我的女朋友毛颖，她对于我所做的事情的理解和支持使得我能够从容地写下这些文字。

能够将书稿列入“当代经济学文库”，是我一直存有的愿望。所以，当我想请石老师推荐书稿时，心中满是忐忑。感谢上海世纪出版集团总裁陈昕先生和格致出版社社长何元龙先生，他们的赏识使得本书能够顺利出版。感谢本书的责任编辑彭琳，没有她辛勤、高效的工作，我的愿望不会如此顺利地实现。

思想一旦被孕育，就需要经过痛苦的妊娠期才能分娩。这句话用于形容本书的写作倒颇为合适。多少个日夜的熬煎，我所能收获的便是这些在别人看来一无所值的文字。面对着这厚厚的一叠文字，我不知道它们是否能够抵偿我已经飘逝的那些青春，我也不知道它们是否可以告慰我父母日渐斑白的双鬓，我更不知道它们是否真能如我所愿对社会起到那么一丁点的作用。然而，三年来，我所能交出的答卷便只有这些拙劣的文字。我只能阿Q般告诉自己："应该会的吧。"在获"复旦大学学术之星"时，我曾经写过这样的感悟："学问之道犹似爬山观景，山路艰险，困顿迷茫中常疑山重水复，无路可循，但若寻寻觅觅，又总能在峰回路转中见柳暗花明。于其路漫漫中体味苦其心志、劳其筋骨的痛楚，在上下求索中品尝蓦然回首、灯火阑珊的慰藉。"或许，这便是心境的写照。

图书在版编目(CIP)数据

国有企业的双重效率损失与经济增长:理论和中国的经验证据/刘瑞明著.—上海:格致出版社:上海人民出版社,2012
(当代经济学系列丛书/陈昕主编.当代经济学文库)
ISBN 978-7-5432-2194-9

Ⅰ.①国… Ⅱ.①刘… Ⅲ.①国有企业-经济增长-研究-中国 Ⅳ.①F279.241

中国版本图书馆CIP数据核字(2012)第262240号

责任编辑 彭 琳
装帧设计 敬人设计工作室
吕敬人

本书由上海文化发展基金会图书出版项目资助出版

国有企业的双重效率损失与经济增长
——理论和中国的经验证据
刘瑞明 著

格致出版社·上海三联书店·上海人民出版社
(200001 上海福建中路193号24层 www.ewen.cc)

编辑部热线 021-63914988
市场部热线 021-63914081
www.hibooks.cn

世纪出版集团发行中心发行
苏州望电印刷有限公司印刷
2013年1月第1版
2013年1月第1次印刷
开本:850×1168 1/32
印张:6.75 插页:6 字数:125,000

ISBN 978-7-5432-2194-9/F·599 定价:22.00元